世界を揺るがす！

グローバルサウスVS米欧の地政学

石田 和靖
Ishida Kazuyasu
宇山 卓栄
Uyama Takuei

ビジネス社

はじめに――世界の大変動の実態を隠すマスコミ、新聞、テレビ

メディアの隠蔽、歪曲、不作為のため、世界の実態が伝わっていない。そのことに対する憤りが石田和靖さんと私を動かし、この対談企画となりました。

我々は世界各国を周遊取材する、いわゆる「旅系」です。現場主義に徹し、「実態はどうなのか」を自分の目と耳で確かめています。メディアが伝える虚偽虚報。或いはアカデミズムや評論家が現地を見ずに言う「机上の空論」。

世界の現場には、それらとはまったく異なる姿があります。「本当の姿を伝えたい」という思いで、この企画に取り組んだのです。

本書は、「世界大変動の震源はグローバルサウスにあり」という視点を見据え、世界の実態、その本質をえぐり出すべく生まれた画期的な対談本です！

2022年、ロシアのウクライナ侵攻がはじまった時、メディアは「プーチンは気が狂った」、「病気だ」、「ロシアは崩壊する」などと書き立てました。しかし、実際はどうでしょうか。

2024年、ロシアは拡大BRICSの議長国を務めています。そして、BRICS諸国をテコにエネルギーのサプライチェーンを再編し、世界に対する外交プレゼンスを伸長させています。アメリカの影響力の低下が見透かされる中、世界秩序の再編が進んでいます。

ロシアが西側諸国により経済制裁を受けているため、ヨーロッパ市場で、ロシア産品が取引されず、代わりに中東や中国の取引市場が埋めています。中東や中国を経由する迂回ビジネスも定着しており、経済制裁にもかかわらず、欧米産品のブランド物がモスクワやサンクトペテルブルクに溢れています。

今や、中東のドバイはロシア産原油やダイヤモンドの取引市場となり、過去最高の活況を呈しています。つまり、欧米の取引市場が中抜きされて、中東や中国を儲けさせているというのが実態です。アメリカ・バイデン政権の政策が全て裏目に出ているのです。

しかし、こうしたことをメディアは報じません。「自由と民主主義のために、欧米と結束して戦うべきだ」といったような定型的な正義論を振りかざして、思考停止しています。ロシアが良いとは言いません。ウクライナとて、良いとは言いません。まして、欧米が良いとは言いません。我々はどちらにも与《くみ》しない中立者であり、日本の国益が第一と考える一介の日本人です。その立場で、日本はどうすべきなのかを考えるべきではないでしょうか。

２０２３年のＧ７広島サミットで、「グローバルサウス」という言葉が頻繁に使われました。日本では、「グローバルサウス」は中国とロシアを外す言い方として使われることが多いのですが、実際にはグローバルサウスを主導しているのは中国とロシアです。中国とロシアはグローバルサウスを取り込むために、拡大ＢＲＩＣＳで対抗しています。

グローバルサウスや拡大ＢＲＩＣＳを貧乏クラブの寄せ集めとして、軽視するべきではありません。ウクライナ戦争や中東紛争が起こっている現在、今までとは状況が異なります。グローバルサウス諸国は旧植民地国がほとんどで、「ウクライナを支援しろ」、「イスラエルを支援しろ」という、欧米からの圧力を激しく嫌っており、その反発で彼らは結束しています。その原動力は我々が想定する以上に強く、世界を揺さぶる大きな震源になっており、今後ますます、彼らの存在意義が高まります。「グローバルサウス」とは何か、その本質にタブーなく迫ります。

石田和靖さんとの対談は各回ごとに楽しく、熱を帯びていきました。我々二人が世界各国の現場で体験した実話でおおいに盛り上がりました。互いに意気投合しましたが、意見がぶつかるところもあり、議論が白熱し、所定の時間が過ぎ、対談室から追い出される始末でした（笑）。我々二人の熱がきっと読者の皆様にも大いに伝わり、読者の皆様ご自身が会話に参加しているかのような臨場感と高揚感で、読み進めてもらえるものと確信しております。

２０２４年９月

宇山卓栄

グローバルサウスvs米欧の地政学

目次

はじめに――世界の大変動の実態を隠すマスコミ、新聞、テレビ　宇山卓栄　3

第1章　今後の世界のカギを握るグローバルサウス

ウクライナ戦争により注目されるグローバルサウス　19
「脱欧米」に動くグローバルサウス　22
グローバルサウスの結束はバイデン政権がもたらした　26
「新興国」という言葉はすでにナンセンス　29
「脱ドル化」でアメリカの牙城を切り崩す　34
脱ドルの動きは２０１４年から始まっていた　38
脱欧米を始めたサウジアラビアがグローバルサウスに与える影響　41
中国以上に脱ドル化を求めている中央アジア、中東　44

第2章 グローバルサウスの2大盟主、中国・ロシアの行方

中国人は日本人が思っているより真面目 51
中国の西の入り口、ウルムチの大都会ぶり 53
海峡封鎖に備えて中国が進める一帯一路構想 56
不動産バブル崩壊でも、中国経済は崩壊しない 58
グローバルサウスへの投資で潤う中国人 62
中国の「債務の罠」は「現代版・植民地主義」ではない 65
グローバルサウスは中国とロシアの同床異夢 68
「プーチン帝国崩壊」はアメリカのプロパガンダ 71

第3章 最大のポテンシャル国・インドがテイクオフする日

なぜインド経済はテイクオフしないのか 77

インドのカースト制の問題 80
世界最大の民主主義国家だから起こるインドの問題 82
「お試し」で800本の注文が来るインド 86
日本企業が進出しやすいのは製品よりもサービスやノウハウ 89
ネット販売が広がれば爆発的な需要喚起になる 91
日本よりはるかに多いインドの富裕層 93
ロシア―インドをつなぐ国際南北輸送回廊への期待 96
インド人はなぜ金（ゴールド）を好むのか 100
インド外交の見習うべきこと 103
インド映画『RRR』から見えてくること 105
「民主主義国＝欧米側」の間違い 107

第4章 ドバイ、アブダビ……発展著しいUAE

世界一の高層建築ブルジュ・ハリファから見えてくること 113

ドバイショックはバブル下のドバイにとっての試金石だった 117
20代前半で月給120万円もらえるドバイの公務員 121
「ブルジュ・ハリファ」からわかるドバイとアブダビの関係 124
スポーツや文化・芸術振興でドバイと一線を画すアブダビ 129

第5章 資源国サウジアラビア、カタール、アゼルバイジャン

首都だけでドバイの40倍以上の面積を持つサウジアラビア 135
日本式の手法が通じない、中東の巨大プロジェクト 138
メッカとマディーナを抱える観光立国としてのポテンシャル 141
中世さながらの街並みを残す第2の都市ジッダ 144
じつは酒好きも多いサウジアラビア人 147
液化天然ガスにシフトして大金持ちになったカタール 150
エネルギーファイナンスのハブを目指すカタールの成長戦略 153
「イスラム国家は恐い」はアメリカのプロパガンダ 155

中東を凌ぐ親日国アゼルバイジャン 158
日本を目標に国づくりを始めたアリエフ前大統領 160
ヨーロッパ寄りからロシア寄りに移りだしたアゼルバイジャン 163

第6章 10億の人口を抱えるアフリカで期待がかかる4国

アフリカ中の人が憧れるナイジェリアのビクトリア島 169
ラゴスにいる一晩で大富豪になった人たち 171
クルーザーを通勤に使うラゴスの富裕層 174
韓国製に売り負ける日本の家電 178
世界に出て行くナイジェリア人たち 180
エジプトに生まれはじめた新しい動き 184
スーダンと南アフリカのポテンシャル 187

第7章 最も危険で最も面白い、南米の国々

中国の影響力が著しいブラジルで日本が入り込む余地 193
南米は危険だからこそ面白い 196
政治の腐敗が経済成長を妨げる最大の問題 200
5年で犯罪率が劇的に下がったコロンビア 203
世界で唯一、日本男性がモテるのが南米 206

第8章 BRICSに接近する東南アジアは何を考えているか

東南アジアへの影響力を失っている日本 211
ミャンマーが魅力的な理由 214
電気・電子産業で競争力を持つマレーシア、独立外交路線を歩むインドネシア 217
シンガポールを潤わせる政府系ファンド 221

〝川上村のレタス〟を栽培するベトナムのダラット高原 225
フン・マネット首相就任でも、カンボジアの中国寄り外交は変わらない 228

第9章 中東危機がグローバルサウスに与える影響

アメリカのプレゼンスが失われる中で起きたイスラエル・ハマス戦争 235
極右政党「宗教シオニズム」「ユダヤの力」とは 239
アブラハム合意を破った第6次ネタニヤフ政権 244
イスラエルで始まっている頭脳流出 247
イスラエル・ハマス戦争がグローバルサウスに与える影響 250
イランの核武装への動き 253
イラン大統領選中に聞いた街の人たちの声 256

第10章 日本外交が進むべき道とは

択捉島経由で日本に石油を運ぶパイプラインの建設を 261
国連に従うだけでは経済で遅れをとる 264
日本はロシアと協力してエネルギー輸出国になったほうがいい 267
アメリカは信用できないが、一定の牽制力や抑止力にはなる 270
ロシアとはまずパートナーシップぐらいの関係で 273
アイスランドの挑戦 276
いまこそ日本人の原点「和をもって尊しとなす」に戻れ 279

おわりに

石田和靖 283

第1章

今後の世界のカギを握るグローバルサウス

ウクライナ戦争により注目されるグローバルサウス

石田　昨今、グローバルサウスという言葉をメディアでよく耳にします。「グローバルサウスが今後の世界経済のカギを握る」「グローバルサウスをいかに取り込むかが重要」といった具合ですが、多くの日本人はグローバルサウスについて漠然としたイメージしか持っていないと思います。

私はこれまでビジネスでグローバルサウスと呼ばれる国々をいくつも回ってきました。そこから感じるのは、グローバルサウスの国々は間違いなく世界経済だけでなく、政治の世界でも重要な位置を占めていくということです。グローバルサウスの国々を知り、つきあっていくことは、ますます複雑化する世界で日本や日本企業が生き延びるうえで不可欠です。

宇山さんもグローバルサウスの国々に何度も訪問され、さまざまな見識をお持ちです。そこで今回は宇山さんと一緒にグローバルサウスとは何なのか、グローバルサウスの中でもとりわけ注目すべき国はどこか、そうした国々とどのようにつきあうべきか、それらについて議論したいと思います。

宇山　グローバルサウスを語るうえで、まず見ておく必要があるのがグローバルサウスの中核をなすＢＲＩＣＳの現状です。いまＢＲＩＣＳが、どんどん拡大しています。

ＢＲＩＣＳはもともとブラジル、ロシア、インド、中国の４カ国を指す言葉でした。２００１年に投資銀行のゴールドマン・サックスが使ったのが最初で、経済において今後大きな存在感を示す４カ国として挙げたものです。さらに２０１１年に南アフリカ共和国が加わり、小文字の「ｓ」が大文字の「Ｓ」となってＢＲＩＣＳと称されるようになりました。以後これら５カ国を指す言葉になりました。

それが２０２４年１月１日からエジプト、エチオピア、イラン、サウジアラビア、アラブ首長国連邦（ＵＡＥ）の５カ国が加わり、加盟国は10カ国になりました。その後も加盟を希望する国は増えていて、順番待ちといった状態です。

石田　この拡大を私はＢＲＩＣＳの「ＯＰＥＣ（石油輸出国機構）化」と考えています。もともとＢＲＩＣＳには、ロシア、ブラジルなど産油国が含まれます。彼らは新たなＯＰＥＣとなり、石油支配に乗りだそうとしています。

新しく加盟した５カ国も産油国を多く含みます。ＢＲＩＣＳの拡大は、石油支配をさらにハイスピードで進めるための戦略だと思うのです。

宇山　目的は何でしょう。

石田　ドルの排除です。ドルを排除するのに一番てっとり早いのが、石油です。いま原油取引はドル建てで行われます。原油取引を巡る決済手段を変えることで、脱ドル化を果たそうとしているのです。

このような動きが出てきたのは、2022年2月にウクライナ戦争が始まったあたりです。ウクライナ戦争が始まるとアメリカのジョー・バイデン大統領は、ヨーロッパや日本と協調してロシアに経済制裁を仕掛けます。

宇山　SWIFT（国際銀行間通信協会）からの排除ですね。ロシアの銀行を国際的決済ネットワークから締め出し、ドルでの決済ができないようにした。ドルは世界の基軸通貨ですから、ドルを使えなくなれば、ロシアは他国との取引が極めて困難になります。

石田　いわばドルの〝武器化〟です。ただしこれでロシア経済が弱体化したかというと、むしろ逆です。

ロシアには石油や天然ガスが潤沢にあります。ドル決済での取引ができなくなったロシアは、資源をドル以外の通貨で安く売りはじめました。世界を見渡すと石油の産出国より、輸入国のほうが圧倒的に多いです。ロシアから安い石油や天然ガスを買いたい国は、ドル以外の通貨を使うことになります。そこから生まれたつながりが、ＢＲＩＣＳの枠を超えてグローバルサウスという塊になっていったと思うのです。

「脱欧米」に動くグローバルサウス

石田　これまで世界の石油を支配してきたのは石油メジャー、セブンシスターズと呼ばれる7社です。このうちエクソン、モービルなど5社はアメリカ、残る2社はイギリスと、イギリス・オランダの合弁会社です。

つまり世界の石油を支配していたのは、アメリカとイギリスの石油メジャーです。それに加えて最近は新石油メジャー、または新セブンシスターズと呼ばれる新興国の7社が台頭しています。ロシアのガスプロム、中国のペトロチャイナ、マレーシアのペトロナス、ブラジルのペトロブラス、ベネズエラの国営石油、イランの国営石油、サウジアラビアのサウジアラムコです。

宇山　いずれもグローバルサウスの国です。また当初のＢＲＩＣＳ４カ国のうち、インドを除いたロシア、中国、ブラジルもすべて入っています。しかも２０２４年からサウジアラビアとイランもＢＲＩＣＳに加盟しています。ベネズエラも加盟予定で、残るマレーシアも、２０２４年６月に加盟申請すると発表しました。

石田　マレーシアの申請は、タイが２０２４年５月に加盟申請を発表した時点で予想できました。タイとマレーシアは隣国で、お互いに非常に意識しあっています。国境付近には一緒に経済活動するための経済特区もあります。

なおかつ両国とも、中国との経済協力をすごく推進しています。そんなマレーシアがＢＲＩＣＳに加盟申請しないはずがない。マレーシアがＢＲＩＣＳに入れば新セブンシスターズは、まさにリーチ一発ツモ（笑）。

宇山　新セブンシスターズがすべてＢＲＩＣＳに入ることになります。

石田　ほかにもアルジェリアやアルゼンチンをはじめ、加盟申請中の国はことごとく産油国です。これらがすべてＢＲＩＣＳに入れば「ＢＲＩＣＳ＝ＯＰＥＣ＝グローバルサウス」となります。３つがほぼ同一となり、これらの国々が「石油決済のドル建てはやめよう」と脱ドル化を進めているのです。

ドル以外の通貨で石油を売る方向に、新セブンシスターズが足並みを揃えはじめた。そこから生じるドルの崩壊は、我々の想像する以上に早いのではないでしょうか。

宇山　つまり石油資源を中心とするエネルギー覇権をＢＲＩＣＳが握りはじめ、そこからＢＲＩＣＳを中心とするグローバルサウスという勢力が生まれた。ロシアのウクライナ侵攻が、こうした状況を加速度的に進めている。

ＢＲＩＣＳもグローバルサウスも、アメリカ、ヨーロッパのどれにも与しない国々です。エネルギー覇権国家の集まりという強みを生かし、独自の外交によって展開しようというわけですね。

ここでグローバルサウスという言葉について、もう少し深掘りして考えたいと思います。グローバルサウスは石田さんが言うように、産油国を枢軸とする国々であることは確かです。一方で政治的には、冷戦期の南北問題における「南」や「第三世界」の言い換えにもなっています。

冷戦期に「第一世界」は、アメリカを中心とする西側陣営を指しました。「第二世界」はソ連を中心とする東側陣営、いずれにも属さない非先進国の国々が「第三世界」で、これがグローバルサウスに近いように思います。

石田　そのためグローバルサウスには「貧乏クラブの寄せ集め」といったイメージもあ

り、「脅威」と捉えられることはほとんどありませんでした。それが2022年のウクライナ侵攻以降、位置づけが変わるのです。

ブラジルのルーラ大統領は、2023年8月のBRICS首脳会議で「我々はつねに、あたかも地球の貧しい地域であり、まるで存在していないかのように扱われてきた。我々はつねに二流であるかのように扱われた。しかし今、我々は重要な国である」と述べています。

アメリカがインドをはじめグローバルサウスの国々にウクライナ支援を強要し、これにグローバルサウスの国々が激しく反発した。米欧の強圧的で独断的な偏見外交に「それは違う」と結束し、一つのパワーとなったのです。

宇山　『インド外交の流儀』などの著書でも知られるインドのジャイシャンカル外相はこんなことを言っています。「中国は100年の植民地支配を受け、その補償や謝罪を列強に未だに求めている。インドは200年の植民地支配を受けたが、建設的な未来に向かい、過去の補償や謝罪を列強に求めたことはない。インドはこれまでも、欧米に友好的な態度を維持し続けてきたが、昨今、インドがウクライナ支援を明確にしないことで、欧米から批難を受けている、これには我慢ならない。今もなお、傲慢な経済的支配を途上国に強いている、いったいどの面を下げて我々を批難するのか」と。

彼らのこうした動きは「反欧米」であるかはともかく、「脱欧米」であることは間違いありません。脱欧米という新たな原理を打ち立てながら、世界経済を強力に牽引する存在になってきているのです。

グローバルサウスの結束はバイデン政権がもたらした

石田　ウクライナ戦争がグローバルサウスを一枚岩にした。これはアメリカのバイデン政権の外交政策がＢＲＩＣＳを一枚岩にし、グローバルサウスの結束力を強めたとも言えます。

バイデン政権の外交政策がいかにひどいかは、ドナルド・トランプ政権と比べれば明らかです。トランプ氏はもともとビジネスマンだから、彼の外交はディール（取引）です。相手国にも利益をもたらす形で交渉を行います。それが本来の外交で、トランプ大統領はそれをちゃんとやっていた。

だから２０２０年のアブラハム合意を取りつけることもできました。イスラエルにもアラブ諸国にもアメリカにも利益をもたらす形で、イスラエルとUAE、バーレーン、スーダン、モロッコの4カ国による国交正常化ができたのです。これに対しバイデン政権は、圧力をかける外交しかしません。

宇山　「正義」の名のもとに。あるいは「自由」と「民主主義」という名のもとに。

石田　でも実際にやっているのは、基本的に内政介入です。典型がLGBT（性的少数者）問題をサウジアラビアに押しつけようとすることです。

サウジアラビアのような戒律の厳しいイスラム教国で、LGBTの権利を認めるなどあり得ません。にもかかわらずアントニー・ブリンケン国務長官はサウジアラビアに行って、LGBTへの理解を推進せよなどと要求しています。日本に対しても同様で、世界中に圧力外交を押し進めてきたのがバイデン政権です。

その結果グローバルサウスの国々は、バイデン政権にうんざりしています。日本も本来ならグローバルサウスと連携すべきなのに、アメリカべったりの立場をとっています。だからアメリカの鎖から、いつまで経っても解き放たれない。もっとバイデン政権の圧力外交に強く抵抗する必要があります。

宇山　いまのグローバルサウスの結束は、アメリカにとってバイデン政権がもたらした汚点です。それが世界にドラスティックな変化を起こしているのに、日本はついていけてないのです。

石田　これまでＢＲＩＣＳは、バラバラに行動していました。ブラジルもロシアもインドも中国も、それぞれ目指す方向が違い、彼らがまとまるのは無理と言われていました。一つ一つの国々は人口も経済規模も巨大だけれど、Ｇ７のようなまとまった組織と思われていなかった。

それが「ドル排除」「脱アメリカ」というコンセンサスで団結するようになった。これが彼らの結束力を強め、そこにグローバルサウスの国々も磁力のように引きつけられている。それが加盟を待つ国々の順番待ちといった状況を生み出しているのです。あまりにも加盟を望む国が多いので、ロシアはいったん受け入れをストップし、ＢＲＩＣＳという組織を再構築すると発表したほどです。

宇山　グローバルサウスの国々は人口が急増していて、２０５０年までに世界の３分の２を占めるという予測もあります。人口増加によって市場の拡大や労働力の増加など潜在的能力が高まり、ＧＤＰもアメリカや中国を上回るとされます。それぐらい国際社会での影響力が増大していくことが確実視されています。

一方でBRICSもエチオピア、エジプト、イラン、サウジアラビア、UAEが加盟したことで、GDPが世界経済の約28パーセントを占める約28兆5000億ドルになりました。石油の生産量も世界の約44パーセントと、半分近くを占めます。それぐらい影響力が大きくなったBRICSが、グローバルサウスの牽引役となっているのです。

「新興国」という言葉はすでにナンセンス

宇山　ここで一つ、石田さんに伺いたいことがあります。グローバルサウスという言葉を日本政府が使いはじめるのは、2024年5月に開催されたG7広島サミットです。当時の岸田文雄首相が「グローバルサウス」という言葉を使い、以後日本でいっきに広まります。

グローバルサウスには「サウス」が象徴するように、地理的要素が含まれます。そう考えたとき日本政府がこの言葉を使う理由として、グローバルサウスからロシアと中国を外したい意図があるのではないでしょうか。

ロシアと中国がグローバルサウスに含まれるかどうかは、日本だけでなく世界各国で議論が分かれています。実際グローバルサウスというとき、ロシアと中国を含む場合もあれば、含まない場合もあります。そのときどきによって意味するところも違います。石田さんはグローバルサウスをどのような意味で使っていますか。

石田　ロシアと中国も含めて、グローバルサウスと考えています。グローバルサウスという大きな塊があり、ＢＲＩＣＳはその中の小さな塊というイメージです。

サウス、つまり南には新興国のイメージがあり、グローバルサウスもその意味合いで使われています。たとえば「南北協力」というと、北の先進国が南の新興国を支援することを指します。

ただし数年前から南北協力は徐々に減りはじめ、いまは「南南協力」という形が増えています。南の新興国が、南の新興国を支援するのです。

宇山　サウジアラビアがスーダンを支援するといったものですね。

石田　場合によっては中国がアフリカの国を支援することも指します。つまりここで言う「南」は地理的な南半球ではなく、「先進国がノース」「新興国はサウス」という象徴的な意味です。だからグローバルサウスはロシアや中国を含む新興国の集まりです。

ただ「新興国」という言葉も、すでにナンセンスになっています。新興国である中国に日本はGDPで抜かれ、やはり新興国であるインドにも抜かれようとしています。もはや先進国・新興国という分類は、あまり意味をなしません。
そう考えるとグローバルサウスは新興国の塊というより、「G7以外の国々」といったほうが、より実態を表している気がします。あるいは「ロシアに経済制裁していない国々の集まり」です。
いまロシアを制裁しているのはG7と、オーストラリアも含めたその仲間の国々です。それ以外はロシアに経済制裁していません。これがグローバルサウスで、その中心にBRICSがいるのです。
宇山 「非G7の国」という捉え方ですね。そしてG7にはオーストラリアやニュージーランド、ヨーロッパ諸国、韓国、台湾、シンガポールなども含まれる。
石田 やはりウクライナ戦争で、世界のパワーバランスが激変したのです。ロシアへの経済制裁をしている国と、していない国に真っ二つに分かれた。地図で見れば、よりはっきりします。次ページの地図で網かけの部分がロシアに制裁している国々、それ以外の白い部分が制裁していない国々です。
宇山 きれいに分かれますね。

ロシアを非難する国連総会決議で「反対」「棄権」と意思表示した国

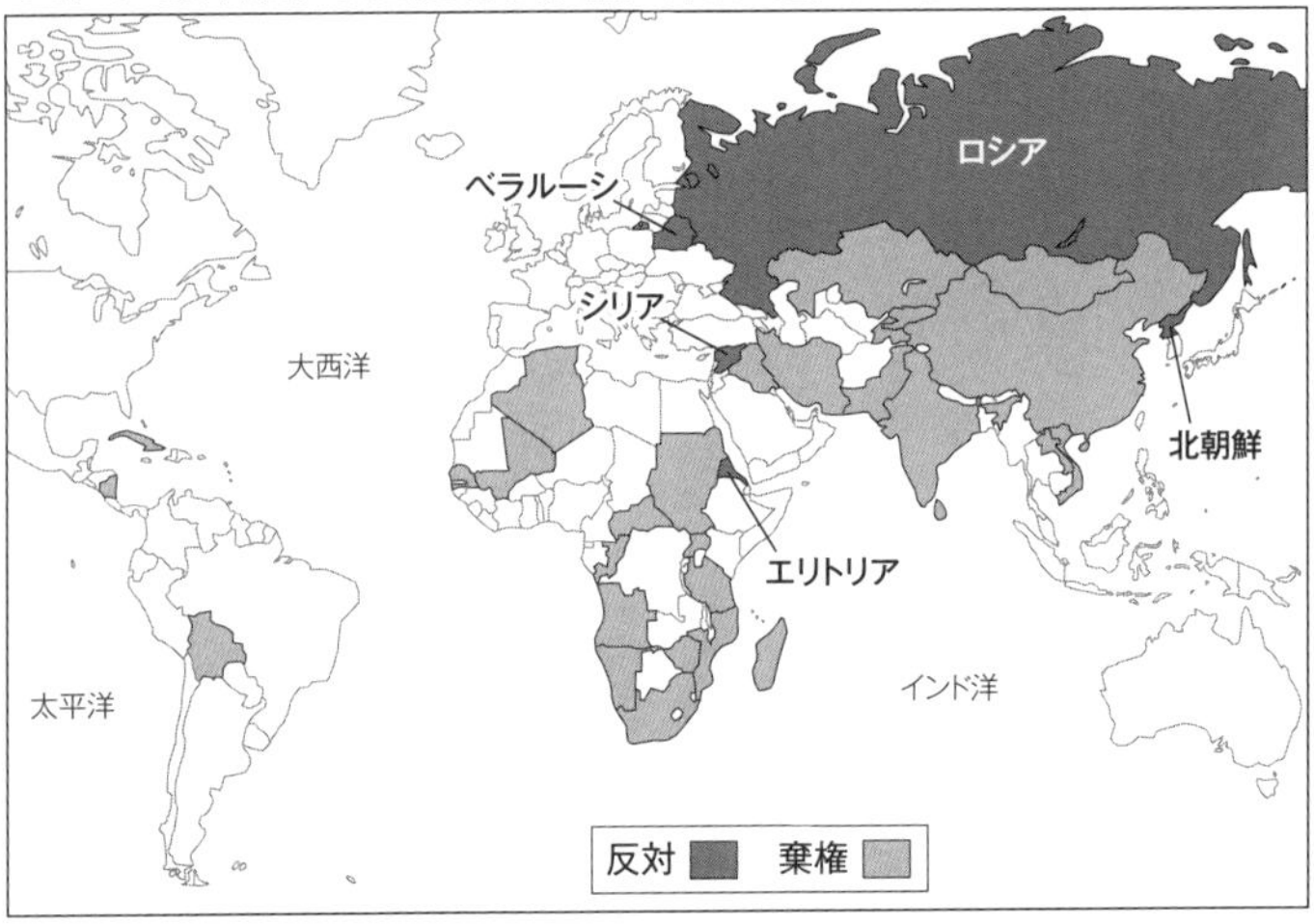

石田　これはパレスチナを国家承認している国と、していない国にもつながります。だからアメリカの言いなりになっている国と、そうでない国でもある。言いなりになっていない国がグローバルサウスで、「アメリカに好き勝手やらせない」と独立自尊で動いている国です。

宇山　政治的な要素が多分にある。グローバルサウスの国々は歴史的、地理的、政治的、経済的、社会的な背景が大きく異なります。経済面でも市場規模、経済成長率、構造、投資環境などが異なります。加えて多様性や複雑性もつねに考慮する必要があります。まったくバラバラですが、「反欧米」あるいは「脱欧米」という点では結束している。

それがいまや非常に力を持った勢力となっているのです。すでに述べたように2050年には、経済規模でアメリカや中国を上回ります。人口でもインドは2023年に中国を追い抜き、世界一になりました。2024年の人口はインドが14億4170万人、中国が14億2520万人です。

また歴史的に見るとグローバルサウスの国々の多くは、かつて植民地支配を受けていました。欧米に対する潜在的な反発意識があり、そこへウクライナ戦争で「俺たちを支援しろ」と強要されたことへの強い不信感がある。

そのあたりを理解せず、グローバルサウスを「貧乏クラブの寄せ集め」などと軽視している間は、日本はこのパラダイムシフトについていけません。世界の政治経済の新しい動きが始まっていて、そこにどのようについていくかを考えなければならないように思います。

「脱ドル化」でアメリカの牙城を切り崩す

宇山　ここで一つ重要なキーワードが「脱ドル化」です。先ほど石田さんは、グローバルサウスの国々はドル覇権からの脱却を目指していると言われました。欧米のシステムから独立した金融システムの確立を目指すというわけで、実際、脱ドル化は最近よく聞く言葉です。

石田　「脱ドル化」は、いまのBRICSを見るうえで極めて重要な言葉です。2023年8月にはBRICSの首脳会談で脱ドル化についての協議も行われました。

先ほどドルが強いのは石油の購入をドルで行うからと述べましたが、これは1973年のオイルショックのときに始まったものです。アメリカのヘンリー・キッシンジャー大統領補佐官がサウジアラビアに行き、原油価格の引き上げを認める代わりに、決済をドルで行うよう求めたのです。

石油ドル協定（ペトロ・ダラー協定）と呼ばれるもので、以後ドルは基軸通貨としての立ち位置を強化します。石油を求めて多くの国がドルを買うので、ドルをいくら刷ってもドルの価値が棄損する心配がなくなった。

アメリカはものすごい借金国です。国民もすごい借金体質です。「カード社会」といわれるほど、欲しいものがあればお金がなくてもとりあえずカードで買ってしまう人たちばかりです。

宇山　個人も国家も借金まみれです。

石田　「ドルなんて、いくらでも刷れる」という意識があるからです。それを支えてきたのが石油ドル協定です。

この仕組みをもう少し詳しく説明すると、たとえばバングラデシュのような新興国が石油をサウジアラビアから輸入する場合です。バングラデシュの通貨・タカで払うことはできません。サウジアラビアはタカで受け取っても、使い道がないからです。

そのためバングラデシュが石油を買うためには、タカをいったんドルに換える必要があります。アメリカから大量のドルを買い、それをサウジアラビアに代金として支払うのです。バングラデシュに限らず、世界の多くの国々はそうして石油を買っています。また石油だけでなく、食料をはじめ多くのものがドルで取引されています。

つまりドルには巨額のニーズがあり、それがドルの価値が棄損されない一番の要因です。これが続く限りアメリカはいくらでもドルを刷れるし、札束ですべての国をピンタできるのです。

逆にいえばアメリカの牙城を切り崩すには、脱ドル化が一番てっとり早い。これなら戦争のように人が死ぬこともありません。グローバルサウスの脱ドル化には、脱ドル化によってドル基軸体制を崩壊させ、さらにはアメリカ経済を崩壊させる狙いがあるのです。

宇山　それが脱欧米の本質です。経済制裁されてもロシアが生き延びられるのは、巨大国で人口も資源も豊富にあったからです。これがもしバングラデシュのような弱小国なら、ひとたまりもありません。「あなたの国とはドルの交換をしません」となってしまえば、石油も食料も入らなくなります。

そんな国が世界中にたくさんあり、だから彼らはドル依存からの脱却を考えた。ドルではなく、他の通貨で石油も食料も調達できる体制をつくらねばならないとウクライナ戦争以後、考えるようになったのです。

石田　日本の場合、円に信用力があり、流通量も多いので、あまり実感がないかもしれません。でも自国通貨がユーロでも円でもない通貨を使っている国にとって、ドルが使えなくなるのは国の崩壊に直結しかねない。だから一刻も早く、ドル依存から脱却すべきと考えたのです。

日本人は、日本の銀行や円という通貨を信用しきっています。だから私や宇山さんのように20年も前から海外投資をしている人は、周囲から怪しまれました。いまでこそかなり市民権を得ましたが、「円のほうが安全なのに、なぜ海外投資をするのか」と。

でも現実には、円だって危ないのです。２０２２年から始まった円安の流れを世間では「円安・ドル高」と言っていますが、本当は違います。「ドル高」ではなく「ドル安」です。円との関係で見ればドル高ですが、ドルと他の通貨で見るとユーロ、ポンド、スイスフランなど、ほとんどの通貨に対してドルの価値が下がっています。

世界から見たらドル安で、さらに安いのが円。つまり「ドル安・超円安」です。円の価値が下がっているから円安は確かですが、けっしてドル高ではない。

宇山　対円だけで見てはダメということですね。

石田　それ以上に「ゴールド（金）」で見てください。石油や食料でもいい。日本人の多くは気づいていませんが、世界中のマネーは実物資産のほうへ動きはじめています。

脱ドルの動きは2014年から始まっていた

宇山　脱ドル化の動きとして、わかりやすいのが2014年のBRICSによる新開発銀行（NDB）の設立です。世界銀行に代わるグローバルサウスのための銀行で、従来ドルで行っていたグローバルサウスのインフラ整備を現地通貨で行うというものです。本部は上海にあり、BRICSの新加盟国であるエジプトやUAEなどに加え、バングラデシュのような非加盟国も参加しています。

石田　ドルの一極支配に抵抗する、経済同盟といった感じです。

宇山　さらに2023年10月には、ロシアのカザンで開催されたBRICS首脳会議が中央銀行デジタル通貨（CBDC）について議論しました。デジタル通貨というと暗号資産（仮想通貨）をイメージしやすいですが、CBDCは中央銀行が発行し、後ろ楯となる点が異なります。中国が準備を進めているデジタル人民元もCBDCの一種です。

これがドルに代わる新たな通貨のプラットフォームとも言われています。つまり実物通貨ではない、デジタル人民元をはじめとするデジタル通貨によるプラットフォームで、B

RICS各国は、この新たなプラットフォームへの参加を表明しています。実現すれば、ドルの地位の低下は確実です。

石田　２０２２年にＢＩＳ（国際決済銀行）が行ったデジタル通貨システム試験にも、中国、香港、ＵＡＥ、タイの中央銀行が参加しています。

宇山　ＢＲＩＣＳがさまざまな形でドルと決別する手段を模索していることは確かです。なかでも大きな存在感を発揮しているのは、やはり中国のデジタル人民元です。日本の保守層には「人民元など紙屑同然で、デジタル化しても取るに足らない」などと言う人が多いですが、私は中国を甘く見るべきではないと思っています。

デジタル人民元は、すでに中国の一部の公共セクターの給与支払いなどで使われています。その結果、中国政府にはグーグルやアマゾンに匹敵するほどのビッグデータが集まっています。このビッグデータを裏付けとするデジタル人民元プラットフォームは、そうバカにできません。

ここで石田さんに伺いたいのが、今後米ドルが基軸通貨としての地位を失っていくかどうかです。日本にはドルは基軸通貨としての地位を失わないという見解も強くありますが、どのようにお考えですか。

石田　「失わない」と言う人は、金融機関の関係者や機関投資家に多いように思います。彼らはアメリカ信者が多く、おそらくバイアスがかかっています。それで「なんだかんだ言ってもアメリカは強い」「米ドルは今後も基軸通貨になる」となるのです。

でも貿易など実際にビジネスをやっている人には、危機意識を持っている人が多いです。私自身、米ドルは基軸通貨でなくなると思っています。

宇山　何年スパンぐらいでしょう。

石田　けっこう早い。10年後ぐらいだと思います。なぜならBRICSが構築しようとしているドル以外の決済システムは、かなり速いスピードで進んでいくと思うからです。BRICSにいろいろな国が集まる以上、いっきにゼロにはならなくてもドルで国際取引する国は徐々に減っていきます。

ドルの弱体化は、金の価格が上がっていることにも現れています。私がこんなことを言うと、「じゃあドルに代わる基軸通貨は何ですか」と聞かれますが、基軸通貨という存在自体がなくなると思います。どれか一つでなく、決済手段が多極化していくイメージです。

宇山　ドル一極から多極化時代になる。

石田　そこには人民元も存在しているかもしれないし、新たなデジタル通貨も入るかもしれない。場合によっては金もあり得ます。

脱欧米を始めたサウジアラビアがグローバルサウスに与える影響

宇山　これまでとはまったく違う金融環境が生まれるイメージですね。でもそれがなぜ10年後なのでしょう。

石田　ここでキーになるのが中東の国々、とくにUAEとサウジアラビアです。この2国は10年後の自分たちの立ち位置を明確に意識しています。

UAEは「アラブ首長国連邦」の略で、7つの首長国から成る連邦制国家です。このうちの一つドバイでは、2024年に「ドバイエコノミックアジェンダ　D33」という事業計画を発表しています。ドバイを2033年までに、経済規模や海外直接投資額などでロンドンやニューヨークに並ぶ世界の3大都市の一つにするという宣言です。

サウジアラビアもまた「ドバイに追いつけ追い越せ」と改革を進めています。中東の盟主として、ドバイが世界の中心になるのは困ると、ドバイ以上の猛スピードで経済発展に向けて取り組んでいます。

この改革の中心になっているのが、ムハンマド・ビン・サルマン皇太子です。ムハンマド皇太子は、2024年7月にG7に対して述べた発言でも注目を集めました。

G7はその前月の6月、ウクライナ戦争におけるウクライナ支援のため経済制裁で凍結しているロシアの金融資産を使う考えを示しました。具体的には約3000億ドルの凍結資産から生まれる利子を使い、年末までに500億ドルの支援を行うというものです。これに対しムハンマド皇太子が「G7の行為は泥棒であり、もし実行すればサウジアラビアが保有するヨーロッパの債券を手放す」といった発言をしたのです。

ヨーロッパ側は「サウジアラビアは我々を脅迫している」と反発しましたが、ムハンマド皇太子に言わせれば「もともとはG7が泥棒をしたから」というわけです。

宇山　そもそもロシアの金融資産を勝手に使うのはルール違反です。そんなことをしたら国際金融の秩序が崩壊します。

石田　ただ私は2023年3月頃からムハンマド皇太子が、ヨーロッパに何かしてくると思っていました。この月にサウジアラビアは、イランと国交正常化します。さらに同時期、スイスの金融機関クレディ・スイスが経営危機に陥り、スイス最大の金融機関UBS

に買収されました。

クレディ・スイスの筆頭株主は、サウジアラビア財務省が管轄するサウジアラビア国立銀行です。サウジアラビアはそれまでアメリカとヨーロッパの金融センターに絶大な信頼を置き、なかでもスイスを信頼していました。だからこそクレディ・スイスの筆頭株主にもなっていました。

それが裏切られ、クレディ・スイスの株は紙屑同然になった。この直後からムハンマド皇太子は、ヨーロッパから投資資金を引くと言っていました。２０２１年のバイデン政権発足後にも、アメリカから投資資金を引くと言っています。

宇山　それでグローバルサウスに投資するというわけです。

石田　その一つが、イランです。２０２３年３月の国交正常化を受けて、できるだけ早期に巨額の資金を投資すると述べています。だからヨーロッパの債券を手放すのは、もとからあった考えなのです。

２０２３年に南米のベネズエラと首脳会談を行ったときも、ムハンマド皇太子はベネズエラへの投資に言及しています。イランとベネズエラは２０２４年からＢＲＩＣＳの加盟国でもあります。

ベネズエラはサウジアラビアよりも大きい世界最大の油田を保有しています。ただし強権国家としてアメリカからの経済制裁を受け、輸出量はごくわずかです。汚職もひどく、経済もハイパーインフレで大混乱しています。

そこにサウジアラビアが大量に資金を投じてインフラ開発すれば、ベネズエラも変わっていく可能性があります。サウジアラビアの資金と技術が導入されれば、ベネズエラの石油も世界にどんどん輸出できるようになるはずです。へたにアメリカやヨーロッパが入ってきて植民地支配のようなことをされるより、よほど平和で豊かな国家になれるのではないでしょうか。

グローバルサウスの行方を考えるうえで中国が重要なのはもちろんですが、同時にサウジアラビアにも期待できます。資金力もエネルギー量も豊富なサウジアラビアが中国とともにリーダーシップを発揮していけば、まさにワンツーパンチで、とてつもない発展が見込めるように思います。

中国以上に脱ドル化を求めている中央アジア、中東

宇山　確かに期待できます。ただドルの覇権が10年で終わるという話については、私の意見は少し違います。

先ほど日本の金融関係者には「ドル覇権は崩れない」と考える人が多いという話がありました。私は金融関係者ではないですが、個人投資家としてドルにも投資しています。そんな私からすると、ＢＲＩＣＳがデジタル通貨プラットフォームを形成しても、そう簡単にドル覇権は崩れない気がします。

たとえばいま話に出たサウジアラビアにしても、財政の赤字が続いています。サウジアラビア最大の企業で国営石油会社のサウジアラムコも、最近は減収減益が続いています。莫大な石油収入がある大金持ちの国ですが、政府の債務は膨らんでいる。２０２３年には5兆円ものドル建て債券を発行しています。

つまり財政赤字を埋めるために、ドルを使っている。サウジアラビアのリヤル建てでは、世界の投資家が債券を買ってくれず、資金調達にはドル建てが一番だからです。債券の発行はドルに依存せざるを得ない現実もある。

またドル覇権を崩すにはグローバルサウスの最大国である中国のデジタル人民元が、どれだけ機能するかも大きいです。しかしデジタル人民元は実験段階で、この10年で本当に実用化されるか疑わしいものがあります。

一方で中国以上に、中央アジアや中東の国々が脱ドル化したいと思っているのも確かです。２０２４年７月にカザフスタンで開かれた上海協力機構では、中東諸国が中国に対して一刻も早いデジタル人民元の実装化を求めています。

そこから中国が我々の予測を覆す速さでデジタル通貨の実装化を進めれば、10年ほどで脱ドル化する可能性もあるでしょう。つまり脱ドルはできないかもしれないし、できるかもしれない。

とくに私のような個人投資家にとって、ドルの動きは一番大事です。そう簡単に「こちらの方向に進む」と断定しづらいものがあります。両方のリスクをつねに見ながら、脱ドルの流れがどのように進むか、考えていきたいと思っています。

石田　ではドルの弱体化はどうでしょう。ドルの価値は、これまでどおり担保されると思いますか。

宇山　ここ10年といった中期的なスパンでは、ドルの覇権は崩れないように思います。中東の国々の通貨は、サウジアラビアやＵＡＥも含めて全部ドルに連動するドルペッグ制です。東南アジアにもカンボジアなどドルペッグ制の国があります。中南米諸国にもメキシコをはじめ、ドルペッグ制の国があります。やはりドル覇権は、そう簡単に崩れる気がしません。

石田　私もドルの価値が落ちるかどうかは、実際のところわかりません。ドル覇権が、あるタイミングでいっきに変わるとも思いません。ただし徐々に徐々に、ドルの価値が落ちていくことは考えられる。気がつくと10年後ぐらいに、ドル排除の動きになっている。その可能性は捨てられないと思っています。

宇山　デジタル通貨の技術は日進月歩です。今後予想を覆すスピードで普及していくことも考えられます。そのときデジタル通貨をベースに新興国がいっきに集まり、信用創造していく可能性は排除できません。

そう考えるとグローバルサウスの台頭がどこまで進むか、ドルの一極化が終わるかについては、デジタル通貨技術の進歩に負うところも大きそうですね。

第2章

グローバルサウスの2大盟主、中国・ロシアの行方

中国人は日本人が思っているより真面目

宇山　第1章でグローバルサウスが台頭する中、脱ドル化が進み、ドル一極の時代が終わるかどうかについて議論しました。このとき大きなカギとなるのがＢＲＩＣＳの二大国、中国とロシアであることは間違いありません。そこで第2章では中国とロシアの行方について見ていきたいと思います。

まず中国ですが、大前提として大事なのは「政治」と「経済」をきちんと分けて考えるということです。

中国政府が行っているウイグル人に対する弾圧や台湾への強圧外交などは、絶対に許せるものではありません。日本人に対しても、反スパイ法違反で突然拘束して懲役刑を科すといったことを行っています。このような独裁政権は、けっして認めてはならない。

ただし一方で、中国は現在、経済がガタガタになっているとされますが、その市場の規模を考えると、ビジネスでのつきあいまでやめてしまうのは、もったいない話です。

石田　そもそも隣国である中国とケンカしたり、戦争するのは得策ではありません。実際、日本経済はこれまで中国マネーによって潤ってきました。日本の製品がたくさん売れ、そこから得た恩恵は極めて大きなものがあります。

中国の共産党政府は、確かにいろいろ問題があります。とはいえ民間の中国人や中国企業とはそれなりにつきあったほうが、日本にとって得なのです。

私は中国の地方都市で何度も展示会を主催しています。一時期「爆買い」という言葉がはやったように、彼らは本当に日本の製品を大量に買います。これは間違いなく日本企業にとって利益になり、日本にとっての国益になります。

しかも地方の中小企業は、日本では売れないものも買ってくれます。「メイド・イン・ジャパン」と書いてあるだけで、何でも売れた時代もあったほどです。

宇山　いまはどうでしょうか？

石田　一時期に比べたら下火ですが、いまでもまだまだある。やはり政治は切り分けて、ビジネスではつきあったほうがいい。

じつは中国の民間企業は、日本人が思っているより真面目です。よく「中国人は嘘つき」「約束を守らない」などと言いますが、そんな人は日本人にもいます。国民性の問題ではなく、そこは普通に対等なビジネスパートナーとしてつきあえばいい話です。

そういう感覚を多くの日本人は持てず、根っから「中国人は信用できない」と思ってしまう。中国の共産党政府はまったく信用できませんし、中国人にも信用できない人が多いのは事実ですが。

中国の西の入り口、ウルムチの大都会ぶり

石田　第1章でデジタル人民元の導入を求めている地域として、中央アジアを挙げました。これは中央アジアが、中国の一帯一路構想に最も賛同しているからです。一帯一路構想で一番恩恵を受けるのが中央アジアだからです。

宇山　とくにカザフスタンは中国べったりです。

石田　中央アジア、すなわちユーラシア大陸の内陸国は港がないので、流通網が極めて貧弱です。そこに一帯一路という流通ルートができれば、外国から物が運ばれてくるようになります。人も流れてくるし、ビジネスも生まれます。そのためデジタル人民元や一帯一路構想を早く実現してほしい。

私は2017年に、中国の新疆ウイグル自治区の首都ウルムチに行きました。ウルムチは世界で最も海から遠い都市といわれます。でもいざ行ってみると、あまりに大都会でびっくりしました。高層ビルがはるか先まで建ち並び、ニューヨークのマンハッタンかと思ったほどです。

新疆ウイグル自治区については、よくウイグル人の虐待や強制移住の話が報じられます。確かに見えないところで、そういうこともあります。そこは批判されるべきです。ウイグル人とも話しました。中国政府に監視され、中国政府の悪口や迫害の実態を言えないこともあるでしょうが、意外に普通という印象です。ただセキュリティにお金をかけているのは確かです。

宇山　監視カメラがたくさんある。

石田　監視カメラもそうですが、空港に着くなりX線によるセキャリティチェックがあり、荷物一つ一つを厳重に調べられました。これはテロリストが多いからです。ウイグル族の反漢民族のテロリストたちです。

そのため中国政府は国防費と別に、治安維持費にものすごくお金をかけています。国防費と同程度かけていて、そのうちの半分近くが新疆ウイグル自治区対策といわれます。だから警察の数は多いし、監視カメラやセキュリティチェックの機械などは、ありとあらゆるところに設置されています。そういう物々しさは感じましたが、それ以上に驚くほど大都会なのです。

ウルムチは中国の一番西にあるので、日本人にとって身近ではありません。日本人が中国と聞いて、まず浮かぶのは北京や上海です。一方ロシアやアゼルバイジャン、サウジアラビアといった西側の人たちにとって、ウルムチはシルクロードの要衝で中国の入り口です。だからウルムチの国際空港は驚くほど巨大で、空港の出発案内板に出てくる都市も成田空港よりずっと多いです。

宇山　ウルムチにはビジネスで行ったのですか？

石田　乗り換え目的です。中国・江蘇省の鎮江に行ったとき、アゼルバイジャンの首都バクーに急用ができた。鎮江は上海に近く、上海からバクーに行くにあたり一番近くて安かったのが上海からウルムチで乗り換えてバクーに行くルートだったのです。乗り換え時間が長かったので、ウルムチで一泊して観光したところ、あまりに大都会でびっくりしました。

海峡封鎖に備えて中国が進める一帯一路構想

宇山　いま空港の話が出ましたが、私も少し前に雲南省の昆明にある昆明長水国際空港に行きました。もともと中東への旅行が目的で、そこからカンボジアで開催される経済フォーラムを視察するために乗り換えで昆明の国際空港を利用したのです。

ウルムチの空港が中央アジア諸国にとって準ハブ的な玄関口であるように、昆明の空港も東南アジア諸国にとって同じような機能を持っています。あるいはインドや中東と直接つながる玄関口でもあります。彼らにとって昆明は、中国で一番近い都市なのです。

石田　昆明はかなり南にありますから。

宇山　東南アジアと接してます。

石田　事実上の東南アジアです。東南アジアのカンボジアやタイ、ミャンマー、インドネシアなどに行くには、上海よりも昆明のほうが便利です。中国は広大な領域があるので、西アジア、南アジアそれぞれに向けて、ハブ的な機能を持たせた空港がある。そんな戦略が中国にはあるのです。

宇山　昆明では中国の一帯一路構想により、ラオス、タイ、ミャンマーとつながる流通ルートがどんどん開発されています。このルートがつながると、マラッカ海峡を通らずともミャンマーから昆明まで陸路で物流がつながります。マラッカ海峡が封鎖されても、中国は生き延びられるのです。

石田　中国の石油の多くはサウジアラビアに頼っています。石油タンカーはマラッカ海峡を通って中国に入ってきます。これに対しても、一帯一路により、マラッカ海峡を経由せず、途中から陸路でサウジアラビアの石油を運べるようになれば、海峡封鎖を恐れることがなくなります。

そこで、中国が進めているのが、パキスタン南西部にあるグワダル港にサウジアラムコの精油所をつくるプロジェクトです。中国とパキスタンは地続きですから、グワダル港から中国までパイプラインでつなげば、有事が起きても陸路でサウジアラビアの石油を運ぶことができます。

サウジアラビアにとっても、中国は最大のお得意様です。その中国がどんな状況でも石油を買ってくれることになりますから、まさにウィン・ウィンの関係が築けます。

不動産バブル崩壊でも、中国経済は崩壊しない

宇山　そう考えたとき、やはり中国経済の崩壊は簡単には起きません。日本では20年前から「明日にも崩壊する」といった議論が続いてきましたが、現実的にはいまだ崩壊していません。どの程度の崩壊を指すかにもよりますが、抜本的な崩壊というのはまだ起きてません。中国経済がガタガタなのはそのとおりですが。

石田　そもそも何をもって「崩壊」とするかです。ある意味、何度も崩壊している気がします。２０２３年には中国の不動産大手、恒大集団の経営破綻が明らかになりました。これはまさに中国経済の崩壊だと私は思っています。

宇山　不動産バブルが崩壊した。

石田　あの国は「崩壊してもまた復活し、また崩壊して復活する」ということを、何度も繰り返しているイメージです。今後もそれがずっと続くように思います。

中国の不動産バブルは、２０１０年代半ば頃から始まりました。これが崩壊しているのは明らかで、どの都市に行ってもマンションは空き室だらけで完全に供給過剰になってい

ます。失業者も増大し、中国人の大学教授から聞いた話では、北京大学や清華大学といった超一流大学の卒業生でも就職先がなく、ウーバーイーツの配達員をしているそうです。中国の失業率がいろいろなメディアで発表されますが、すべてデタラメとも言っていました。中国政府は本当のことを言わない。実質の失業率は、40〜50パーセントはあるのではないかと。

超一流大学を出ても仕事がないのだから、すでに崩壊しているのと同じです。ただしそんな状況でも、中国経済はある程度きちんと回ってはいる。そこを意識する必要があります。

宇山　不動産市場が焦げつき、社会は混乱していても経済はある程度きちんと動いている。このことは海外に行けばわかります。東南アジア、中東諸国、ヨーロッパなど、どの国に行っても中国人観光客だらけです。いまも彼らは爆買いを続け、景気がいい。それぐらい彼らは豪遊しています。

その理由を考えたとき、一つは中国の不動産金融の特殊性があります。中国の不動産金融は、政府が巧みにコントロールしています。日本の不動産バブルが崩壊したとき、不良債権処理などで損失を被ったのは国内の投資家でした。これに対し中国では、国内の投資家はさほど損害を被っていません。政府がある程度、補塡しているからです。

一方、中国の不動産には外国人投資家もかなり入っています。ＥＴＦ（上場投資信託）の中に中国の不動産投資関連の商品を組み込んだものがあり、ここに日本の金融機関を含めた外国人投資家のお金が入っているからです。

これらについて中国政府は、いっさい補塡していません。つまり外国人投資家は損をしてもそのまま、国内投資家は保護して国内の衝撃を和らげる。そんな、独裁国家にありがちな保障をうまく組み込んでいるのです。

ただしそれ以上に大きな理由は、中国経済自体にまだまだ伸び代があるということです。中国の中間層の購買欲求は、凄まじいものがあります。彼らには「テレビが欲しい」「クルマが欲しい」「洗濯機が欲しい」「パソコンが欲しい」など、まだまだ欲しいものがあります。

ここが日本人とまったく違うところで、日本人は中国の中間層（あるいはそれ以下の階層）が欲しがるものは、すべて手に入れてしまった。だから新たに欲しいものはない。家電製品もクルマも欲しいモノはみんな持っています。でも中国人は、そうではない。

石田　とくに地方の都市に行くと感じます。大都市圏に住む人は東京に住む人とさほど変わらない生活をしていますが、地方都市はまだまだ満たされていません。なにしろ人口が14億人もいる国です。広州市の約5000万人を筆頭に、1000万人以上の人口を抱える都市が十数カ所あります。

500万人以上の地方都市なら100カ所近くあります。大阪の人口が300万人弱ですから、それ以上の規模の都市が100もある。それだけの人口がいて、それぞれが旺盛な購買意欲を持っている。だからバブルが崩壊しても、ある程度きちんとお金は回るのです。

宇山　ものをつくれば売れる。だから経済が回る。バブルとは、実体経済が伴わない経済状態です。つまり実需がないのに株や不動産だけが上がっていく。そう考えたとき中国の不動産はバブルでも、実体経済は必ずしもバブルではない。

投資マネーが先行しているのは確かですが、中国に行くたびに中間層の強烈な購買意欲を痛感します。中国にほとんど行ったことがない人が机上の空論で「中国は崩壊する」「人民元は暴落寸前」などと言っても、実態は違います。

ただ、中国当局が発表する経済統計はまったく信用できません。2021年5月28日の全人代の記者会見で、故・李克強前首相は「中国では6億人の月収が1000元（約1万

５０００円）前後だ」と述べました。つまり、１日あたり５００円稼いで、その日暮らしを送っている人が6億人いるというのです。

中国の国家統計局の発表によると、当時の中国のＧＤＰは約１５００兆円とされています。6億人の月収が約１万５０００円、年収にすると約18万円しかない状況で、いったいどうすれば、ＧＤＰ約１５００兆円が達成されるというのでしょうか。

石田　まったくそのとおりです。

グローバルサウスへの投資で潤う中国人

石田　２０１６年のトランプ大統領就任以降、中国への外国企業の投資が急減している実態もあります。米中貿易戦争が本格化する中、中国リスクが強く警戒されるようになったからです。

２０２３年の中国に対する外国からの直接投資は、前年比で約80パーセント以上減少しました。輸入額から輸出額を差し引いた数字がこれほど減少するのは30年ぶりです。そこから中国人の中には中国経済の先行きに不安を感じ、投資資金を国外流出させる人が増えています。

宇山　たとえば私が先日行ったカンボジアは、中国人投資家の投資マネーにより、中国の植民地のようになっていました。中国資本でマンションが開発され、中国資本の企業が市場を支配し、中国資本で道路をはじめとするインフラが整備されるといった具合です。

こうして入ってくるチャイナマネーの多くは、政府主導でなく民間主導です。中国政府も莫大な投資をしていますが、それ以上に中国の民間の人たちがお金を投じています。

具体的にいうと彼らは出自の怪しいお金をごっそりカバンに詰め込み、中国政府にもわからない形で銀行に預けるのです。カンボジアの銀行はそれを資金需要のあるところに、どんどん貸し出す。

このような形で大量のチャイナマネーがカンボジアに出回り、カンボジア経済は活況を呈しています。つまり先行き不透明感により中国から逃げた資金がカンボジアに向かい、それでカンボジア経済が潤っている。そういう現実を目の当たりにしました。

石田　中国人富裕層の資金は、アフリカにも向かっています。ここで中国の海外投資のカラクリを説明すると、カンボジアやアフリカなどが中国からの投資を受け入れるのは、彼らに信用力がなく先進国がなかなかお金を貸してくれないからです。一方の中国はスピード融資で、億単位のお金をどんどん貸してくれます。

ただし交換条件として、融資したお金の半分は中国企業が請け負う形にするのです。だから100億円貸したら、50億円が自分たちに還元される。その50億円で中国のゼネコンやインフラ会社、その他関連会社が入ってきて、港や高速道路をつくるのです。同じようなことがグローバルサウスを中心に、いろいろな国で起きています。

中国がグローバルサウスの国々にお金を貸すのは、少なくとも半分は中国企業が儲かるからです。しかも中国人が現地で仕事をすれば、そこで暮らす中国人のためのチャイナタウンができます。中国人のためのレストランやクリーニング屋など、いろいろな店が必要になるからです。

これをビジネスチャンスと捉え、たくさんの中国人が大量に押し寄せる。これで現地の経済が潤う部分はありますが、実際に儲けている人の大半は中国人です。

宇山　そのあたりが中国はうまいのです。日本も同じようにやればいいのに、ODA（政府開発援助）にこだわり、しかも無償融資をしたがります。もっと中国のようにビジネスとして考える必要があります。露骨な搾取は当然ダメですが。

中国の「債務の罠」は「現代版・植民地主義」ではない

石田　中国は投資を戦略的に考えているのです。日本も有償でODAを行うことがありますが、その場合もノウハウはタダ同然で提供しています。

宇山　中国のような搾取ではないと、日本はアピールしたいのでしょう。

石田　日本はそこが評価されていました。水道をつくったら、それで終わりではなく、その後のメンテナンスなども教えてくれる。一方で中国人は、つくったらつくりっぱなしで帰ってしまう。とくにアフリカでそうでした。

たとえば私はスーダンに6回ほど行っていますが、スーダンで道路を走っていると、突然アスファルトが割れていたり、盛り上がったりしています。現地の人によると中国人がつくった道路で、あちこちで陥没が起きているから危なくて運転できないそうです。

ただそれは昔の話で、最近は中国企業もメンテナンスをやるようになっています。たとえばケニアの鉄道はメンテナンスやオペレーションシステムまで請け負っています。それで最近アフリカでは、中国の開発能力への評価が上がってきています。

宇山　確かに最近の中国はバカにできません。

石田　彼らは批判されて反省して、直せるところは直した。中国人も学んでいるからクオリティはどんどん上がっています。

宇山　この脅威の実態を、日本はきちんと受け止めるべきです。

石田　ただし相手の返済能力を考えず、やみくもにお金を貸すのは問題です。中国はすぐに貸してくれるから、つい返済能力を超えて借りてしまう。これが「債務の罠」と呼ばれるものでもあります。エチオピアもアンゴラもそうで、たぶんカンボジアもそうです。

宇山　スリランカはそれで破綻し、２０１７年から中国企業に99年間、港の運営権をリースすることになりました。

石田　「返せないなら、港は中国がもらいます」というわけです。これを西側は「現代版・植民地主義」とも言いますが、中国からすれば不当な批判でもあります。

中国にとって港は、一帯一路構想の一部です。一帯一路には陸路と海路があり、海路で軍事的に重要な港はかなり押さえています。スリランカのコロンボの沖合にある、ハンバントタ港もそうです。ここはインドの南東の位置にあり、中東とアジアとの中継地点になります。

非常に大きな港で、世界中の船が燃料補給のためにここに立ち寄ります。ここを開発したのが中国です。すごく地の利のよい港でしたが、結局スリランカ政府は借金を返せず、差し押さえられてしまった。とにかく中国はしたたかなのです。押さえたい場所があり、そこを押さえるために開発資金を融資する。「どうせ、こいつらカネを返せないから、いずれ俺たちのものになる」という発想です。

借りたお金を返せなければ代わりのものを取られるのは、民間企業でも当たり前の話です。銀行でお金を借りるにも、担保が必要です。お金を返せなければ担保を取るというのは日本でも行われていることです。

宇山　日本人は中国人を「ヤクザみたいに阿漕《あこぎ》」と批判しますが、批判したところで日本には1円も入ってきません。何が正義かなんて通用しない。「銭を持ったほうが強い」という国際社会の冷酷な現実を日本人は直視すべきです。

石田　そもそも「銭を持つほうが強い」という金融資本主義をつくったのは、西側諸国です。西側諸国のルールで中国はやろうとして、いまのようなやり方に向かっていった。

宇山　日本も同じことをやれとは言いませんが、日本のような性善説では結局負けるということを見据えておく必要があります。

石田　中国が「暴力」ではなく、「話し合い」で物事を進めようとしていることは確かです。お金を貸して、返せなかったら港をもらうだけの話です。話し合いもせず、いきなり軍隊を送り込んで戦争を起こすアメリカよりも、ある意味スマートです。

２００３年に当時のジョージ・ブッシュ政権は、イラクのサダム・フセイン大統領が「アメリカと手を切り、ヨーロッパとつきあう」と言いだしたら、「イラクは大量破壊兵器を持っている」として有無を言わさずイラクを攻撃しました。

そしてフセイン大統領を捕まえ、最終的に殺してしまった。でもイラクから大量破壊兵器は見つからなかった。フセイン大統領は濡れ衣を着せられ、殺されたのです。

だから「あの戦争は失敗だった」とイギリスもアメリカも認め、謝っています。ただしイギリスはイラクに謝ったけれど、アメリカは謝っていません。アメリカ人に謝っただけです。アメリカは中国のことを、とやかく言うことはできない立場かもしれません。

グローバルサウスは中国とロシアの同床異夢

宇山　20年ほど前はコストを低減したい日本や米欧の企業が、生産拠点を相次いで中国に移しました。それが経済成長に伴う人件費の高騰により、中国での生産は採算が合わなくなっています。

そこで東南アジアやメキシコなどに工場を移転し、中国では製造業の空洞化が起きているとも言われます。

石田　そこから世界は次の投資先となる「ネクストチャイナ」に向かっています。かつて「世界の工場」と言われた中国は、もはやそうではなくなりつつある。中国もそれをわかっていて、習近平政権は「世界の消費地」という方向で動いています。

宇山　ただしネクストチャイナでつくる製品の原料や素材、部品は、どの国も中国から買っています。これは貿易統計を見れば明らかで、中国の最大の輸出先は、西側先進国でなくＡＳＥＡＮ（東南アジア諸国連合）諸国になっています。

中国は新たな貿易ルートを巧みに形成し、新たな時代の変化に適応しています。米中対立の激化も、中国のＡＳＥＡＮへの投資が急拡大する一因になっています。

石田　ただそうした中国に対し、ＡＳＥＡＮ諸国は警戒しています。さらに、ＢＲＩＣＳ、そしてグローバルサウスのリーダーにさせたくないと考えているのがロシアです。もちろん中国も、ロシアをリーダーにさせたくないと思っています。

宇山　中ロが覇権争いをしているのは、２０２４年7月にカザフスタンで開催された上海協力機構での動きを見ても明らかです。

かつてロシアは自分の発言権を高めるためにインドを上海協力機構に加盟させ、中国はインドと敵対するパキスタンを加盟させた。お互い相手を有利な立場にさせたくないのです。

またロシアはウクライナ戦争以降、北朝鮮に接近しています。２０２４年6月にはプーチン大統領が24年ぶりに北朝鮮を訪問し、金正恩総書記と会談しました。こうしたロシアと北朝鮮の蜜月関係を中国は気に食わない。中国としては「俺の裏庭に手を突っ込みやがって」という気持ちでしょう。やはりグローバルサウスは一枚岩でなく、中国とロシアの同床異夢です。

石田　ロシアと中国の関係は、イランとサウジアラビアの関係に似ています。イランとサウジアラビアも、一応は協調関係にあります。２０２３年に両国は足並みを揃えてＢＲＩＣＳに加盟申請し、２０２４年から加盟国となりました。

ただしこれは表向きの話で、裏ではお互いを信用していません。いずれも「イスラム世界の盟主は自分」と自負し、覇権争いをしています。

サウジアラビアからすると「イスラム教の二大聖地、メッカもメディナも我が国にある。イスラム世界の盟主は自分」となります。一方でイランは「サウジなんて砂漠の遊牧民に過ぎない。歴史的にイランが文明をリードしてきた」という誇りがある。

面積もサウジアラビアとイランは同じぐらいです。そんな大国同士が、ペルシャ湾を挟んで睨み合う関係にある。このあたりもロシアと中国の関係に非常に似ています。

「プーチン帝国崩壊」はアメリカのプロパガンダ

石田 中国とロシアでは一見、中国のほうが勝っているように見えるかもしれません。でもロシアの強さは、コモディティ（実物商品）が豊富なところにあります。ロシアにはエネルギーも食料も稀少金属も、すべてあります。

たとえばロシアのノリリスク・ニッケル社は、ニッケルとパラジウムの生産で世界一を誇ります。なかでもニッケルは、ステンレス鋼、合金、電池、メッキなど、あらゆるところで使われる金属です。

宇山 日本のメディアは2022年2月のウクライナ侵攻以降、「ロシアは終わりだ」

「プーチンは気が狂っている」などと言っていますが、まったくの嘘です。

石田　たとえばロシアでは、国際南北輸送回廊をつくる計画が進んでいます。ロシア、アゼルバイジャン、イラン、インドをつなぐパイプラインや高速道路や鉄道をつくるというものです。

詳しくは第3章で述べますが、これによりロシアの石油をはじめ、さまざまなコモディティを、大消費地であるインドに大量に届けられるようになります。グローバルサウスの可能性を感じさせる計画の一つといえます。

宇山　歴史を遡ると19世紀のロシアはイギリスと、「グレートゲーム」と呼ばれるユーラシア大陸を巡る覇権争いをしていました。この戦いでロシアはアゼルバイジャン、イランを通って英領インド帝国に至る南下政策を進めようとしましたが、最終的にイギリスに敗れ、撤退せざるを得なくなります。

この苦い歴史があり、現在、ロシアは国際南北輸送回廊を築き、21世紀版グレートゲームに勝利しようとしているのです。

国際南北輸送回廊を完成させるため、同盟国だったアルメニアと手を切り、西側寄りだったアゼルバイジャンと手を組むといったこともしています。ロシアはこのあたり極めて合理的で、どこに国益があるかを見抜き、外交のパートナーを次々と変えています。「ロシアには友人はいない。2人の同盟者だけがおり、それはロシアの陸軍と海軍である」。ロシア皇帝アレクサンドル3世の言葉ですが、プーチン大統領はこの言葉を座右の銘にしています。ロシアのマキャベリズムがよくうかがえます。

石田　国家は本来、そうあるべきです。だからロシア国民は「プーチンがいる限り、俺たちは幸せになれる」と信じきっています。やはり「プーチン帝国の崩壊」という話は、ワシントンのプロパガンダです。日本のメディアは、親バイデン政権のCNNが報じるアメリカの大本営発表しか伝えませんから。

宇山　そのとおりです。とくに2024年は、ロシアがBRICSの議長国です。議長国としてBRICSを主導できる立場にいて、グローバルサウスに対してもエネルギー外交の再編を始めています。どこが崩壊間近なのか……。

石田　崩壊するのは、むしろヨーロッパです。すでに崩壊していると言っていいかもしれません。アメリカもそうです。ロシアへの経済制裁がここへ来てブーメランとなって自分たちに戻ってきています。

では今後、中国とロシアの関係はどうなるかというと、対立はあってもそれなりに協調していくでしょう。そこはしっかり約束ができていて、上海協力機構はもともとそのための組織です。

いまは経済同盟みたいな色合いが強く、２０１５年に加盟したインドとパキスタンは、それまで犬猿の仲だったのに加盟後は貿易を始めました。とはいえ２００１年に発足した時点では軍事同盟で、これが上海協力機構の本質です。

宇山　いまも軍事演習を共同で行うなどして、なかには「新ワルシャワ条約機構」などと言うメディアもいます。ただし、そこまで軍事的に結束した協力機構ではありません。

石田　結局のところ中国とロシアは、お互いにグローバルサウスの盟主として覇権争いをしつつも「反アメリカ」「反Ｇ７」という点で、それなりに協調を続けることになるでしょうね。

第3章

最大のポテンシャル国・インドがテイクオフする日

なぜインド経済はテイクオフしないのか

石田　第2章でグローバルサウスの二大盟主、中国とロシアの動きについて見ていきました。ここから中国、ロシアに続くグローバルサウスの成長のカギを握る国々を個別に見ていきたいと思います。

宇山　やはり最初はインドでしょう。当初のBRICS4カ国の一つであり、ある意味、最も大きなポテンシャルを秘める国です。2023年に私はインド最大の商業都市ムンバイに行きましたが、すごい勢いを感じました。

インドは20年も前から中国と並んで「次に来るぞ」と言われてきました。ところが中国と違い、いまだインド経済はテイクオフ（離陸、経済成長のための軌道入りすること）していません。しかし近い将来「今度こそテイクオフする」とも言われています。

最大の根拠は、GDP世界5位のインドの経済規模です。2029年には日本やドイツを抜いてアメリカ、中国に次ぐ世界3位の経済大国になるとも言われています。インド自身グローバルサウスの牽引役になり、代弁者、盟主になるとアピールしています。

インドはウクライナ戦争においても、独自の外交路線を貫いています。西側諸国が実施した経済制裁にも同調せず、ロシアとの経済関係を維持しています。そこからロシア産の石油を安価に購入するという恩恵も受けています。

一方でインド、日本、アメリカ、オーストラリアから成るクアッド（日米豪印戦略対話）を形成し、日本やアメリカとの協力関係も強化しています。ここに日本と決定的に違う、インド外交のしたたかさがあります。

インドは技術分野でも、著しい成長を見せています。グーグルのスンダー・ピチャイCEOやマイクロソフトのサトヤ・ナデラCEOをはじめ、世界的IT企業の経営者を多く輩出しています。

にもかかわらずインド経済がテイクオフしないのは、一つはインフラ整備の遅れによるものです。幹線道路はつねに大渋滞で、朝も晩もクルマはノロノロとしか動きません。そのためいつも輸送困難な状態に陥っています。

石田　インドの渋滞のひどさは、私もムンバイに行って実感しました。あれでインド最大の商業都市なのだから驚きです。

宇山　水道や電気などライフラインの整備や、通信インフラの開発なども遅れています。停電は日常茶飯事だし、少し都市部から離れるともうネットがつながりません。だから災害時の対応も遅く、自然災害の被害が深刻化する要因になっています。大雨が降るとすぐに道路が冠水し、川のようになって家が水浸しになります。その後、全然水が引かないというのも、よくある話です。

国民の所得も低く、2023年の1人あたりGDPは、191カ国中144位と最貧国レベルです。社会保障ももちろん万全ではありません。経済的貧困は飢餓や栄養失調、病院や学校に通えないなど、さまざまな問題として現れています。

なかでも農村地域やスラム地域の貧困層は、深刻な状況です。政治的弾圧による人権侵害もあります。経済的あるいは思想・社会制度の問題から、女性が格差や暴力などの犠牲になることも多いです。

インド人というと、2ケタの九九ができることで有名です。そこから教育レベルが極めて高いと思われがちですが、これはエリート層に限った話です。じつは一般庶民はまともに教育など受けていません。そもそも学校に行っていません。表の数字に現れないだけで、文字を読み書きできない人が、かなりいると言われています。

つまり法制度や慣行がエリート層と一般庶民で大きな乖離があり、労働者の質が非常に悪い。だから日系企業がインドに進出しても、現地の人たちが労働力としてまったくあてにならないという大問題が生じてしまうのです。

インドのカースト制の問題

宇山　そこにはカースト制の問題もあります。極端な身分制を強いるカースト制により、身分の低い者は教育もろくに受けられません。富裕層との格差が異常に広がっていて、このことがバランスのとれた消費を疎外する大きな要因になっています。

石田　カーストは、ポルトガル語の「カスタ」が語源です。「血統」や「家柄」という意味で、15世紀にインドにやってきたポルトガル人がインドの厳しい身分制に驚き、それをヨーロッパに報告したことから広く知られるようになりました。

1950年にカーストに基づく差別は禁止されましたが、カースト制度自体は廃止されておらず、階級差別は根強く残っています。

宇山　現在のカースト別構成比は、第1身分のバラモン（僧侶、司祭階層）が約5パーセント、第2身分のクシャトリア（貴族階層）が約7パーセント、第3身分のヴァイシャ

（商人階層）が約3パーセント、第4身分のシュードラ（奴隷階層）が約60パーセントとされます。

このほか第4身分のシュードラよりも低く、カーストの枠外に放り出されている階層もあります。ダリッド（アウト・カースト）という階層で、約25パーセントもの人々が、ここに属します。

石田　「不可触民」と呼ばれる人たちです。つまり汚らわしく、触ってはいけない。

宇山　インドの富や消費は所得の高い上級カーストに集中し、大多数の人々はまともな経済活動に関われていません。彼らの活動は経済統計の数値としても捕捉されていません。

石田　インドでは相続税がないため、富が貧困層に再配分されず格差が固定してしまうという問題もあります。

宇山　このような封建的な身分制がいまも続いていることが驚きですが、インド独立の父マハトマ・ガンディーさえカースト制を「出自に基づいた良識ある分業」として尊重していました。

こうした身分制が経済の自由な活動と発展を妨げる大きな障壁となっているのは間違い

ありません。アメリカは例の如く、この問題についても、ヅケヅケと「人権侵害」と言って批判しています。

石田　インドはインフレの問題もあります。

宇山　これが最大の問題です。ここ数年のインフレ率は、6〜7パーセントで推移しています。なかでもひどいのが、年間20パーセント以上値上げになるタマネギやトマトなどの食品です。これが貧困層の生活を直撃しています。

またインドの失業率は表向きは5パーセント程度ですが、実際は統計に現れない数字もあります。大卒者では失業率が20パーセントを超えています。これは社会が大量のホワイトカラーを必要とする産業構造になっていないからです。自営業や家族経営の零細企業が多く、このことが若者の職業技能の低さにもつながっています。

世界最大の民主主義国家だから起こるインドの問題

石田　いまインドが抱える問題として、渋滞のひどさが出されましたね。宇山さんは渋滞が解消されない理由は何だと思いますか？

宇山　道路整備の不十分さではないのですか？

石田　じつは一番の理由は、インドが世界最大の民主主義国家だからだと、私は思っています。ムンバイで現地の人から聞いたのですが、インドでも渋滞解消に向けて高速道路やバイパスなどの工事が行われているそうです。ただ、どの工事も途中でストップしてしまうのです。

民主主義国家だから金持ちもスラム街の人たちも、等しく1票を持っています。スラム街に住む人たちは、インドでそれなりの割合を占めます。彼らがどうやって生計を立てているかというと、大渋滞の中で物を売るのです。

ジュースや新聞、ドラえもんのぬいぐるみなどを箱の中に入れて、大渋滞で止まっているクルマの窓をドンドンドンと叩き、「ジュース要らないか？」「新聞要らないか？」などと売りつける。売りに来るのは、スラム街の子どもたちです。子どもがそうして稼いだお金で、一家は生計を立てているのです。

高速道路やバイパスができて渋滞が緩和されると、彼らは稼ぎ口を失うから工事が始まると猛反対する。それで工事が中断し、インフラ開発が進まない。これがインド経済がなかなかテイクオフしないことと直結しているように思います。

宇山　なるほど、それは大きくありそうです。

石田　ムンバイでもう一つ、面白い話を聞きました。ある田舎の村で選挙をやったときです。候補者の一人が「私が村長になれば全員にカラーテレビをプレゼントします」と公約を掲げたのです。

その人が当選して村中にカラーテレビを配ったのですが、その村には電気が来ていなかった（笑）。

宇山　それぐらいインフラ開発が進んでいないのですね。

石田　とはいえムンバイでインフラ開発が始まっているのも確かです。私が最初にムンバイに行ったのは２０１２年で、これもある意味インフラ開発が関係しています。

ムンバイに行ったのは、展示会で包丁とフライパンを売るためです。インドと日本をつなぐコンサルタントの知人から「ムンバイで日本企業の展示会をやるから出店企業を集めてくれ」と頼まれたのです。

何を売れば日本企業のビジネスチャンスになるか、と尋ねると「キッチン用品」という答えでした。インド、とくにムンバイではスラム街が深刻な社会問題で、政府はなくしたいと考えています。ムンバイはインドの中でもとくに外国企業がたくさん集まる都市なので、スラム街から発せられる悪臭や不衛生さにより、外国企業が撤退するのを恐れているのです。

宇山　確かにスラム街の悪臭は、相当なものがあります。

石田　私が泊まったホテルのすぐ隣りがスラム街で、ホテルを出ると猛烈な悪臭がしました。しかもスラム街にはトイレがないので、大雨が降ると街中を汚物が浮かびます。これを解消しようと、政府は市内に家賃の安い公団住宅を建てて、スラム街の人たちを少しずつ移していったのです。

スラム街といえば、電気を盗んで使い、水も盗むか川の水を使うといった環境です。そんな環境で暮らしていた人たちが、アパートに住むようになり、そこにはキッチンが付いている。

それまでリンゴを剝くのも膝の上でやっていた人たちがキッチンに立ち、まな板と包丁を使って調理するようになった。ライフスタイルが変わってきているから、キッチン用品がビジネスチャンスというわけです。

あちこちの企業に声をかけたのですが、動こうとする会社はありませんでした。私の会社は本来キッチン用品を扱いませんが、興味を持ったので自分で売りに行くことにしたのです。

私が「行く」と言うと、いくつもの会社から「行くならお願いします」といろいろなキッチン用品のサンプルが送られてきました。それでとりあえず包丁とフライパンをスーツケースにたくさん詰めて、ムンバイに飛んだのです。

宇山　なるほど、面白いですね。

「お試し」で800本の注文が来るインド

石田　展示会は3日間で、最初の2日間はまったく売れませんでした。「インド人を攻める王道はない」という言葉があります。インド人は十人十色で、考え方も意見もバラバラだからです。UAEのアブダビ投資庁の人から「インドを制するものは世界を制す」とも聞きました。それぐらいインドは人種の坩堝《るつぼ》で、500民族ぐらいいて言語も500ぐらいある。だから考えている方向もバラバラなのです。

私が展示会でやったのは、一種の実演販売です。バイヤーたちの前で果物や野菜を切りながら、「ほら、よく切れるでしょう」などとアピールする。みんな関心を持っていろいろ聞いてくれたりするのですが、注文にはつながりませんでした。それが最初の2日間です。

宇山　なかなか大変ですね。

石田　ところが最終日に奇跡が起きたのです。インドの流通構造はピラミッド式で、下のほうは「パパママショップ」と呼ばれる畳1畳分ぐらいの狭い軒先にある個人商店です。

宇山　そんな店は、あちらこちらでたくさん見かけます。

石田　文房具屋や八百屋や果物屋などいろいろな店があり、このパパママショップがインドの流通の97パーセントを占めています。ショッピングモールやスーパーマーケットもたくさんできていますが、インド人はこれらをショーウィンドーとしてしか使いません。いいものを見つけたら、近所のパパママショップで買うのです。パパママショップはものすごく融通が効くからです。

店頭に並んでいない商品でも必ず取り寄せてくれるうえ、常連客はツケがききます。当日ではなく、来月まとめて払えばいい。大渋滞の中、遠くのショッピングモールに行って買うより、すぐ近くのパパママショップで買ったほうが、はるかに便利なのです。

そんなパパママショップを束ねているバイヤーたちがいて、このバイヤーたちを束ねている商社がある。その商社の担当者を捕まえれば、ネズミ算的に商品がいっきに広がると教えてもらったのです。

宇山　それが最終日ですね。結果はいかがでした？

石田　商社の担当者を捕まえて目の前で実演すると、「じゃあ、お試し注文をします」という話になりました。お試し注文といえば、普通は2、3本ですよね。

宇山　そうですね。

石田　ところがここでは800本も注文が来たのです。おそらく彼が束ねているバイヤーたちの下に、800店舗かそれ以上のキッチン商品を扱うパパママショップがある。彼の頭の中で「この店に入れよう」と浮かぶ店が800店舗あり、800本注文しようとなったのでしょう。

宇山　それぐらいボリューム感がある。その後の反応はどうでしたか？

石田　本注文まで行きませんでした。お試しで終了です。

宇山　なぜでしょう。値段が高すぎた？

石田　残念ですが、確かに日本商品は基本的に値段が高いので、なかなか次の注文につながりにくかったのかもしれません。

日本企業が進出しやすいのは製品よりもサービスやノウハウ

石田　もう一つパパママショップの特徴を挙げると、自分たちにとって利益が一番多い商品しか売らないのです。パパママショップは手前にカウンターがあり、後ろの棚に商品を展示しています。そしてお客が「包丁をください」と言うと、棚から包丁を1本取り出し、「これがいま一番人気です」と言って一番利益の出る商品を勧めるのです。

ここでお客が「あっちの包丁が欲しい」と言っても、「あの包丁は人気がありません。こっちのほうが人気があります」と自分が売りたい包丁を売りつけるのです。

宇山　それを売ったほうが儲かるからですね。

石田　文房具屋も八百屋も、すべて同じ構造です。だからパパママショップの人が儲かる商品でないと売れない。よくジェトロ（日本貿易振興機構）などがインドのショッピングモールで和太鼓ショーを開いたりしていますが、あんなことをしても日本の商品は売れません。パパママショップの流通に乗せることが大事で、ここがインドの流通システムの特徴です。

これを知らずに販売促進イベントをしたところで、何も結果を残せません。だから日本の商品は評価がすごく高いのに売れない。売り方が間違っているうえ、価格設定も間違っているからです。

宇山　値段でいえば、インドは原価がタダのようなものづくりをします。粗悪品かもしれないけれど、とにかく安い。それで十分なのです。

石田　だからフライパンで目玉焼きをつくっているときは「このフライパンは何カ月で持ち手が取れますか？」と聞かれました。日本ではあり得ない質問で、「取れません」と答えましたが、インドでは持ち手が取れるのを前提にフライパンを使っているのです。

宇山　持ち手が取れても、安いほうがいい。

石田　壊れたら、また買えばいい。そういう文化なのです。

宇山　だから日本製品が入る余地はあまりないのですか……。

石田　製品よりもサービスやノウハウのほうが、日本企業は進出しやすいように思います。これはインドに限らず、他のグローバルサウスの国でも言われました。化粧品なども「ものはいいけど高い」と。

ものはよくて信頼感もあるけれど、世界の人が必ずしもそれを求めているわけではない。中国では粗悪品でなく、「値段が高くても日本製がいい」という人が多いですけどね。

宇山　インドはまだ、そこまで行っていないのですね。

ネット販売が広がれば爆発的な需要喚起になる

石田　とはいえやり方によっては、日本企業にもチャンスはあると思います。先ほども述べたように「インドを制するものは世界を制す」というぐらい可能性がある国です。たとえばインドでつくった製品を日本企業が中東やアフリカに売る。

宇山　インドでつくる製品といえば、シャツなど繊維製品があります。人件費が安いから極めて安価でメイド・イン・インドとして世界中に輸出しています。ただ利益率があまりにも小さい。

石田　かといって自動車やコンピュータや家電製品などをつくるのも難しい。

宇山　高度な付加価値のある製品をつくれる、能力が高い労働者が少ないから……。

石田　それでもインドは2025年にGDPで日本を抜き、世界4位に浮上する見通しです。これは人口が多いことに加え、とてつもない金持ちがたくさんいることも大きいです。

宇山　ＩＴ産業で成功している人たちですね。

石田　石油産業や不動産業で儲けた人もいます。全体から見ればごくわずかですが、数自体でいえば日本の富裕層より断然多いです。

宇山　もともとの人口が半端ではないから。

石田　額もすごいです。ムンバイには、インド最大の民間企業リライアンス・インダストリーズのムケシュ・アンバニ会長の家もあります。この家はアメリカの経済誌『フォーブス』が選ぶ「世界で最も高価な邸宅ランキング」のトップ10に入るほどです。『フォーブス』の資産家ランキングでも、日本で入るのはユニクロの柳井正氏やソフトバンクグループの孫正義氏、楽天グループの三木谷浩史氏などですが、彼らより上位のインド人はたくさんいます。

宇山　インドだけはアマゾンが成功できなかったとも言われますね。

石田　これは渋滞があまりにひどいからです。ネットで注文しても家に届かないからネット販売に不向きなのです。しかも住所が日本のように「何丁目何番地」などと、はっきり決まっていません。

ものすごい広いエリアなのに「何々町」ぐらいまでしか特定できない。何丁目何番地まで決まっていないので、自宅まで届けられない。代わりに荷物の窓口になっているのが、先ほどのパパママショップなのです。

パパママショップに届けてもらい、買い物のついでに受け取る。日本のコンビニエンスストア以上にコンビニエンスで、そんなパパママショップが無数にあるのです。

宇山　ただ政府が安いアパートを整備することで、スラム街とともにそうした仕組みも解消されはじめています。住民票も定着しつつあり、そこからネット販売が軌道に乗りだす寸前ともいわれます。

だから今後アマゾンのようなネットショッピングが広がれば、世界経済に対する爆発的な需要喚起になります。それもあってインド経済への期待感は、すごいものがあります。過去10年とは違う状況になってきているのです。

日本よりはるかに多いインドの富裕層

宇山　インドでは2024年に総選挙がありました。モディ首相率いる与党のインド人民党は、議席をかなり減らしましたね。前回の303議席から63議席減の240議席で、単独での過半数を確保できませんでした。

前評判ではインド人民党が一強といわれたのに、そうならなかったのは有権者の「いまのままではダメだ」という切実な思いが投影されたように思います。「腐敗撲滅」といった声も高まっています。政治が変わらざるを得ないという点でも、期待できるところは大きいように思います。

石田　私がムンバイに行ったのは2012年で、宇山さんは2023年ですから、宇山さんのほうが話の鮮度が高いですね。

宇山　とはいえ、この10年であまり変わっていないのも確かです。逆に、これから本当に変わる気がします。

石田　その意味では、首都デリーも期待できます。私がデリーに行ったのは、2015年頃です。スラム街があり、貧困層も大勢いる点はムンバイと同じですが、一部で大規模な都市開発が進んでいました。立派なビルが建ち並び、ベンチャーなどを育成するインキュベーションセンターになっているのです。

多くの起業家が集まり、いろいろなビジネスを展開しています。日本でいえば六本木ヒルズみたいなところです。インドとは思えないきれいな街並みの中で、ネクタイをビシッと締めたインド人が働いているのです。

宇山　デリーは地下鉄もあるなど、近代化がかなり進んでいます。ところが同じ大都市でも、ムンバイやコルカタ、チェンナイなどは近代化が全然進んでいません。

石田　でも私はムンバイの雑多な感じが、すごく好きです。人間が生きているエネルギーを味わえます。

宇山　その一方、ハイデラバードのようなＩＴ産業が盛んな都市もあります。ここではアメリカなどから外貨を稼いでいます。

石田　アメリカやヨーロッパの大きな下請け会社として成長しています。

地理的にアメリカとヨーロッパの中間にあるのも、インドの強みです。欧米の人たちが眠っている間に、インドで作業を進められますから。たとえばアメリカ人が夕方に仕事を終えて、次の作業を下請けのインドに発注する。アメリカ人が翌朝出社すると、作業ができているといった具合です。

宇山　その意味でインドがＧＤＰ世界５位の経済大国になるであろう理由として、ＩＴで稼ぐ部分が大きいことは確かです。

ロシア―インドをつなぐ国際南北輸送回廊への期待

石田　経済成長する一方、インドは貿易赤字国でもあります。ロシアの石油と天然ガスをガブ飲みしているので、稼ぐよりも出て行くほうが多い。ただ石油に関しては、これから大変なチャンスが到来します。

第2章でも少し触れましたが、いまロシアが主導してロシア、アゼルバイジャン、イラン、インドをつなぐ国際南北輸送回廊をつくる計画があります。これらの国にパイプラインを引いたり、高速道路や鉄道をつくるというものです。

これまでアゼルバイジャンがイランやロシアとギクシャクしていたので、なかなか先に進みませんでした。そのアゼルバイジャンがウクライナ戦争やイスラエル・ハマス戦争を機に、イランやロシア寄りになっています。かなりいい関係になっていて、しかもＢＲＩＣＳ加盟の意思も表明しています。

アゼルバイジャンのＢＲＩＣＳ入りが決まれば、国際南北輸送回廊でつながる4カ国が全部ＢＲＩＣＳ加盟国になります。4カ国中3カ国は産油国ですから、インドには石油がいくらでも安定的に入るようになります。

ロシアやアゼルバイジャンにしても、14億人いるインド市場とつながるのはいい話です。石油に限らず、いろいろな産物をインドに売ることができ、まさにウィン・ウィンの関係です。

宇山　間違いなく、そうなります。インドもロシアやイランのパイプラインを自国に引き寄せたいと思っていますから。

石田　インドは農業大国で、食料の生産量は中国に次ぐ世界第2位です。バナナ、マンゴー、グアバ、パパイア、ショウガ、オクラの生産量は世界一、馬鈴薯、お茶、トマト、牛乳の生産量は世界2位です。これらの農作物を売ることになるでしょう。

宇山　ただ先ほど述べたようにインドは農産物のインフレが凄まじく、野菜や米に輸出制限をかけています。

石田　インドはウクライナ戦争が始まってまもなく、小麦の輸出制限をしました。ウクライナが輸出できなくなり、小麦が足らなくなるからと。

宇山　いまも続けています。小麦だけでなく、米も野菜も。それでも需要のほうが多いので、まったくインフレを抑制できていません。

石田　いずれにせよ世界がインドに期待していることは間違いありません。これまでインドはあまりに貧しかったけれど、ここへ来て経済成長を本格的に始め、一大消費地としての魅力が出始めた。

みんな少しずつですが、豊かになっています。一人一人は少しでも、14億という人口が半端ではないから総額にすると大きい。一方でＩＴ関連企業にとっては、安い人件費で優秀な開発人材を押さえられる魅力もある。つまり消費地としての魅力と、ＩＴ系の人材確保としての魅力です。

宇山　中国は中間層が大きく育ち、一定レベルでの需要は飽和状態にあります。これに対してインドは貧しい人たちがまだ8、9割いて、これから中間層になっていく。そこで生まれる需要は爆発的なものがあります。インドの伸び代は大きく、最後のフロンティアです。

石田　アフリカもフロンティアではありますが、アフリカ全体で人口が10億人程度です。インドは一国でそれを凌ぐのですから、やはり大変な市場です。

宇山　インド経済を押さえるものが、次の時代を制す。だから中東諸国もインドとの結びつきを非常に強めています。

石田　中東諸国の労働環境や経済は、インド人によって支えられています。サウジアラビアもＵＡＥもドバイも、労働者の半分ぐらいはインド人です。労働者で一番多いのは建設現場で働く人たちで、ほかにタクシードライバーもかなりいます。低所得の労働者はバングラデシュやインド、パキスタン、ネパールのほぼ四カ国から来ていますが、圧倒的に多いのがインド人です。

インド人からすれば母国では安い給料の仕事しかないから、中東の建設現場で働いたほうがいい。給料はインドとさほど変わらなくても寝床があるし、３食つきです。みんなでバスに乗って建設現場に行き、仕事が終わったらタコ部屋に帰って寝る。もらった給料は母国に送金する。そんな生活を２、３年続けるほうが割がいいと考える人は、たくさんいます。

宇山　ある意味、中東の社会はインド人によって支えられている。

石田　ほぼすべてのインフラをインド人がつくっているようなものです。

宇山　そういう労働力をインドが自国で使いこなせるようになれば、とてつもなく発展できます。

石田　中東にいるインド人には、もう少し上のランクのビジネスをやっている人もけっこういます。自分で会社を起こして、不動産仲介業や金融業や旅行会社をやったりする。こういう人たちは、まあまあ豊かです。

ただし彼らは稼いだお金をインドに投資しません。家族を全員、ドバイなどに連れてくる。もう二度とインドで生活する気がない人たちです。インフラがまったく整っていないし、汚くて不衛生。そこから出てドバイで暮らしているような人は、もうインドに戻れません。

彼らはドバイでも高い生活レベルを送っています。豊かに暮らせるから、おばあちゃんやおじいちゃんたちも呼んで、みんなでドバイで暮らすのです。

宇山　成功者はそうですね。

インド人はなぜ金（ゴールド）を好むのか

宇山　インドがテイクオフしない理由をもう一つ挙げると、金融がまともに機能していないことがあります。借りたお金を返す文化やモラルが、国民の中でまったく共有されていないのです。

インドには銀行がたくさんありますが、いずれも個人商店は相手にせず、法人などよほど信用のある組織にしか貸しません。インドの金融経済がごく限られたセクターでしか回っていないので、経済がテイクオフしにくいのです。

石田　インド人が金（ゴールド）を買うのも、そのことが関係しています。インド人は自国の通貨を信用していないのです。だからある程度お金が貯まったら、みんな金を買う。宇山さんはドバイのゴールドスークに行かれたことはありますか？

宇山　あります。金のネックレスや指輪、腕時計など、金を扱う店舗がたくさん建ち並んでいますね。

石田　あれらのほとんどが、インド人経営者です。中東と金の取引をやっている人といえばインド人が相場です。18金でなく24金が主流で、彼らがいかに金が好きかがわかります。

宇山　金しか信用できないというのは、やはり遅れています。貨幣への信用が社会の中でまったく醸成されていないのですから。

石田　ただ日本人のように、円や銀行を信用しきっているのも危険です。これもまたいまの国際感覚の潮流に馴染めないと思います。

私も宇山さんも海外投資をしていますが、少し前まで大半の日本人にとって海外投資は「怪しい」「うさん臭い」というイメージでした。みんな日本のお金を信用し、ドルをはじめ外貨を買ったりしない。最近増えてきていますが、自国通貨をこれだけ信用している国は世界でも珍しいと思います。

宇山　中国人は人民元を信用していません。だから莫大な資産を海外に逃避させています。

石田　しかもウィーチャットペイでスマホ決済するようになって、ますます現金に対する信用が薄れています。一種のデジタル通貨であるウィーチャットペイのほうが信用できるから、「人民元お断り」といった店もけっこうあります。使えたとしても「偽札じゃないか?」と、ものすごく疑り深い目で見られる。

宇山　日本でそんな場面は絶対にありませんが、中国では毎回そうです。中東も同じで、やはり偽札を疑ってジッと見るのです。

石田　そんな中国以上に、インドでは貨幣が信用されていないのです。

インド外交の見習うべきこと

宇山　最後にインドの外交について見ていきたいと思います。インドはＢＲＩＣＳの一員である一方、クアッドの一員でもあります。今後のインド外交はＢＲＩＣＳの一員としてロシアや中国寄りになるか、クアッドの一員としてアメリカや日本寄りになるか。石田さんはどう思われますか。

石田　どちらにも行かないと思います。あるときはロシアや中国に近づき、あるときはアメリカや日本に近づいたりと、ふらふらしながら最終的にどちらにも行かない。考えるのは国益だけで、国益になるほうをつねに選ぶ。その意味で、全方位外交を続けると思います。「こちらに付く」といった決め打ちはしない。

それで成立している国はたくさんあります。シンガポールやアゼルバイジャンやアラブの湾岸諸国も、ロシアとうまくつきあいながら欧米ともつきあっています。どちらに大きく寄るかは状況によって若干変わりますが、一方を取って一方を切るというつきあい方はしない。本来なら日本もそうすべきだと思います。

宇山　インドも中国とチベット問題などで大きな軋轢があったり、パキスタンとカシミールの帰属やバングラデシュの独立を巡って戦ったりしていますが、日本のように周りを敵国に囲まれているわけではありません。

差し迫った戦時リスクがないので多元外交をしやすく、そこが周囲に中国、北朝鮮、ロシアを持つ日本と違うところです。とはいえインドの多元外交から学べることも、たくさんあると思います。なかでもウクライナ戦争であれだけアメリカから圧力をかけられても、絶対に「ロシアを非難する」と言わない姿勢です。

石田　インドにとってロシアは重要な戦略的パートナーですから。

宇山　日本にとってもロシアは本来、戦略的パートナーとして極めて重要な存在です。それなのにインドから学ばないのは、やはり日本が核保有国でないことが大きいです。インドは核保有国で、軍事的に独立している強さがある。このことが外交に幅を与えているのです。

石田　インド人は、世界中どこに行っても大勢います。中国人と同じぐらいいて、その意味で国際感覚が優れている人材が非常に多い印象があります。外国料理店も中国料理店とインド料理店が多く、それぐらい海外に出ている人材が多い。ここもまた日本と違うところです。

宇山　インド系移民を昔から華僑ならぬ「印僑」と呼びます。それぐらいネットワークを持っています。

石田　中東とアフリカに、とくに多いです。

インド映画『RRR』から見えてくること

宇山　そんなインドの本音は、BRICSに軸足を移すことだと思います。全方位外交でありながら、アメリカをはじめ西側諸国を重視しない。彼らにとって核心的利益は中国やロシア、中東などBRICS諸国をはじめとするグローバルサウスです。だからこそモディ首相も「我こそがグローバルサウスの盟主」といった言葉を盛んに繰り返すのです。

とくにウクライナ戦争が始まって以降、インドははっきり「グローバルサウスの盟主」と言うようになりました。これによりグローバルサウスが世界経済に重要なインパクトを持つ言葉になった部分もあります。

ウクライナ戦争の2年間で、「グローバルサウスこそインドが引っ張るべき新たな世界」

という自覚がはっきりできあがった。これは大きな意味を持つと思います。

石田　おっしゃるとおりです。インドに限らず、ＢＲＩＣＳすべての国がグローバルサウスに未来を感じている。「西側先進国との経済を切り離していい」ぐらいの気持ちでしょう。

宇山　つきあっても何もいいことがありません。もはや西側先進国は没落して、経済がガタガタの国々の集まりになっています。

石田　しかも石油を盗まれ、カネを取られ、戦争を起こされる。これを「３Ｓ」と言います。「戦争」「搾取」「説教」（笑）。とくにアメリカとイギリスは、この３Ｓを新興国に１００年近く行ってきました。なかでも石油については、シリアにもイラクにもアメリカの石油メジャーが入り込み、自分たちの利益のために好き放題やってきました。

２０２２年に公開されたインド映画『ＲＲＲ』をご存じですか？

宇山　日本でも大ヒットして、ずいぶん話題になりましたね。

石田　２人のインド人が元気よく踊ったり、「前へ向かって進め！」と言ったりする。あれはイギリスの植民地時代のインドを描いたものです。あの映画を見るとイギリスがインドにやってきたことが、いかにひどいかがわかります。針金のついたムチで血だらけになるまで叩いたりしています。そういう時代が長かったので、インドはとくにイギリスに対する反発心が強いと思います。

1600年にイギリス東インド会社が設立されて以降ずっと我慢してきた歴史があり、精神的に抵抗する気持ちは、かなり大きいのではないでしょうか。彼らがやっていたのは、タチの悪いリンチです。

宇山　ベースにあるのは人種差別です。ただしインド人は、植民地時代の補償を列強に求めたことはありません。中国みたいに過去のことをグチグチと引きずらない。スパッと建設的に未来に向かっていくのです。

そういうインドに対して、欧米はウクライナ戦争で「自分たちと協調せよ」と説教を垂れる。「もうこれは我慢できない」というのが、スブラマニヤム・ジャイシャンカル外相の言い分です。そこからグローバルサウスに寄っていくのです。

「民主主義国＝欧米側」の間違い

石田　じつに正しい姿勢です。ところが日本人はインドについて「民主主義国だから最後は西側先進国につく」と考えています。「権威主義国」対「民主主義国」という構図に当てはめていますが、この分け方が間違いです。

そもそも国や地域によっては、そのようにきれいに分けられません。たとえばイラクにはイスラム教スンニ派もいれば、シーア派もいる。イラクに住むクルド人は大半がスンニ派ですが、民族宗教であるヤジディ教徒もいます。さらにユダヤ教徒やキリスト教徒もいる。アラブ人以外の民族もいる。イラクはグチャグチャな国なのです。

なぜなら山がなく、いろいろな人が出入りできるからです。そのグチャグチャな国を力で上から押さえつけていたのが、イラクのフセイン大統領です。あのような複雑な国で、まともな民主主義なんてできるわけありません。

いい例が、同じく中東のレバノンです。レベノンもモザイク国家と呼ばれ、いろいろな民族から成り立っています。それぞれの民族が平等に暮らせるようにと、国会議員の議席も民族や宗教に応じて決められています。それでもいっこうにまとまらず、むしろ悪くなる一方です。

みんなで話し合って決める民主主義でなく、ある程度のパワーで上から押さえつけていたのが、フセイン大統領時代のイラクです。そこにアメリカが戦争を起こし、アメリカによる民主主義を無理やり導入しようとした。その結果、一時的に民主主義になりましたが、言わば脆弱な民主主義です。結果としてＩＳ（イスラム国）をはじめとするテロ組織が雨後の筍のように出ました。

宇山　結局イラクのような国に民主主義は馴染まないのです。

石田　イラク人の多くも、フセイン時代のほうが平和だったと言っています。クルド人ですら同じことを言っています。イラク北部に住むクルド人は、フセイン時代に厳しく監視され、弾圧されていました。それでもいまのほうが最悪で、アメリカを許せないと。

宇山　「民主主義が正義」という考え方自体が、ナンセンスなのです。

石田　日本のように何も決まらず何も進まない民主主義よりも、ドバイのシェイク・ムハンマドやサウジアラビアのムハンマド皇太子のようにビジョンを持ち、国民のために汗水垂らして働くリーダーによる独裁政権のほうがよほどいい。

もちろん北朝鮮の金正恩総書記のような、悪いリーダーもいます。でも独裁政権で飛ぶ鳥を落とす勢いで成長し、国民がどんどん豊かになっている国もあります。シンガポールも、リー・クアンユー首相時代はまさにそうでした。地域性や歴史によって向き不向きがあり、民主主義と独裁主義でどちらがいいかは比較するものではありません。

宇山　いまの時代は、とくにそうです。我々が培ってきた民主至上主義といった、いわゆるネオコン（新保守主義）的な価値観は、もはや世界的に通用しなくなっています。イスラム教にはイスラム教の政治原理があるのに、そこを無視して十把一絡げに民主主義で推し進める。これがグローバリズムですが、それでは世界は動かないというパラダイムチェンジが起きているのを感じます。

こうした多元価値を許容しない限り、日本はこれからの世界で生き残れません。アメリカほどの経済力があるならともかく、世界的に見て日本など取るに足らない存在です。アメリカと一緒に「民主主義は普遍的価値」などと言っていたら、日本は沈没する一方です。

石田　そもそも日本自体、もはや民主主義の国ではありません。政府が勝手に物事を決め、国民の声など聞いていませんから。またドバイやサウジアラビアなどをよく「拝金主義」と言う人がいますが、日本で脱税している人のほうがよほど拝金主義です。

宇山　そのとおりです。やはり日本は「インドは民主主義国だから欧米側」という発想を捨てる必要があります。

第4章

ドバイ、アブダビ……
発展著しいUAE

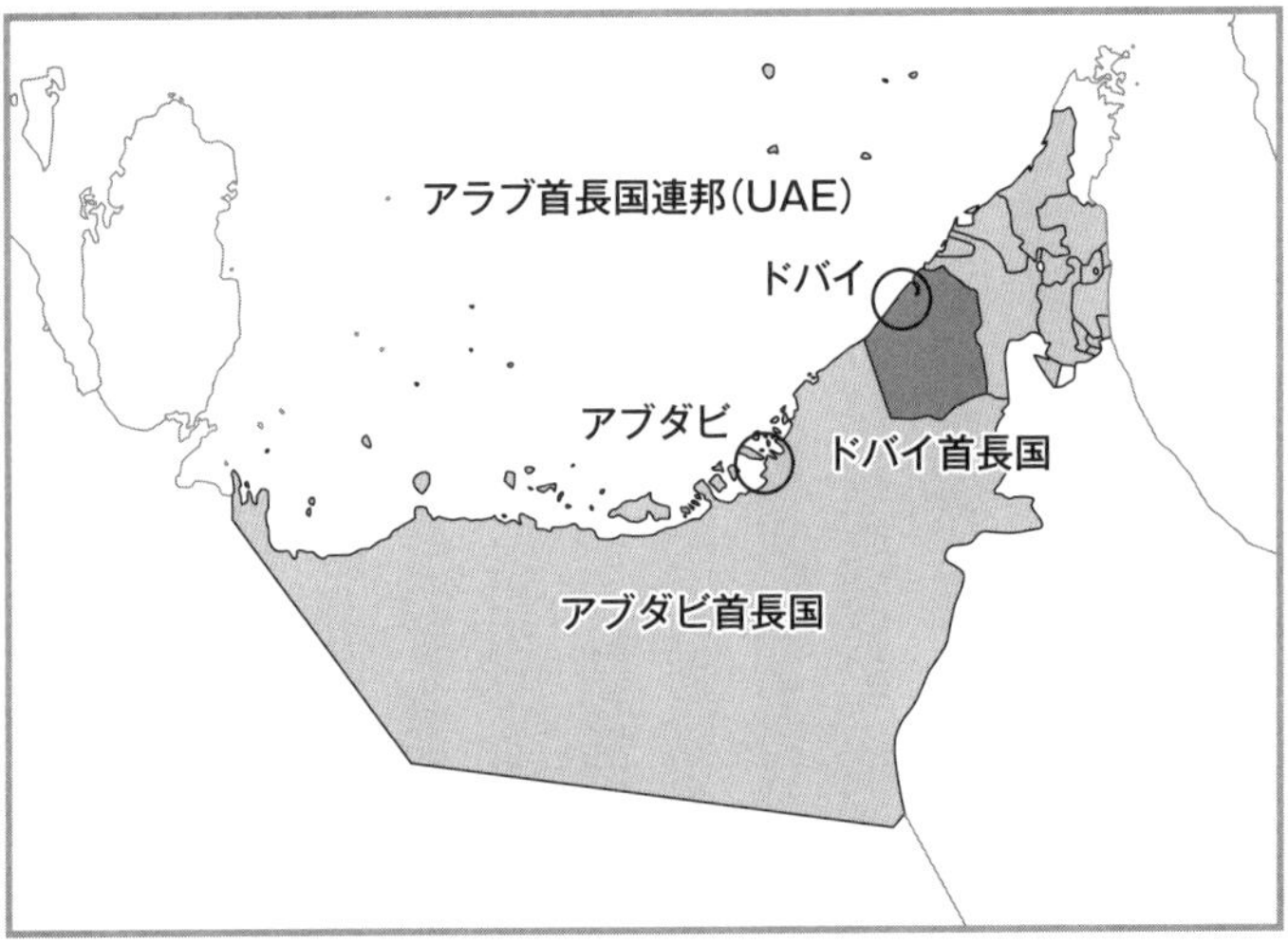
アラブ首長国連邦（UAE）
ドバイ
アブダビ
ドバイ首長国
アブダビ首長国

世界一の高層建築ブルジュ・ハリファから見えてくること

宇山　第3章で「インドでは中東に出稼ぎに行く労働者が多い」という話をしました。実際に中東諸国、とくにサウジアラビアやドバイは目覚ましい発展を遂げていて、働き口はいくらでもあります。

中東というと以前は情報を隠すイメージが強かったですが、最近はそれがなくなり、積極的に情報公開をするようになってきています。とくにサウジアラビアがそうです。

石田　むしろ日本のほうが隠蔽国家になっています。一方で中東は開かれた国家になりつつあり、そうした中で中間層も増えてきています。

宇山　第4章では、そんな中東の国々について議論したいと思います。

石田　中東では、とくに躍進目覚ましいのがドバイです。第1章でも触れた「ドバイエコノミックアジェンダ　D33」のもと、2033年までにロンドンやニューヨークに並ぶ世界の3大都市の一つにすると息巻いています。

宇山　いまのドバイの強さは、国家事業計画を達成すべく一枚岩になっていることです。ドバイの首長シェイク・ムハンマドの有名な言葉があります。「私は10年後のドバイの国民に豊かになってほしいのではない。いますぐ豊かになってほしいから、どんな抵抗があっても急いで徹底的な改革を果敢に進めているのだ」。

石田　BBCワールドニュースのインタビューで答えたものです。こんな言葉を言われた国民は「このリーダーについていこう！」となります。シェイク・ムハンマドの爪の垢を煎じて、日本のリーダーたちにも飲ませたい（笑）。

宇山　ドバイの高層建築ブルジュ・ハリファの展望台の入り口には〝FROM VISION TO REARITY〟すなわち「ビジョンは必ず現実化させる」というシェイク・ムハンマドのスローガンが掲げられています。

石田　力強い言葉です。ブルジュ・ハリファは世界一の高層建築ですが、この建設プロジェクトが決まったとき、あたり一帯はまだ何もない砂漠でした。2000年代半ばの話で、私は直接現地を見ました。

当時私はドバイにいて、ドバイの新聞の見出しにムハンマドが世界最高峰のビルを建てると「宣言した」とあったのです。「つくる」や「できあがる」ではなく「宣言」という言葉がすごいです。「何年までにこのビルをつくり、それによりこれぐらいの経済効果がもたらされる」といった見通しまで書かれていました。

建設を手掛けるのがエマール・プロパディースというドバイの政府系デベロッパーとわかり、公式サイトにメールを送ったのです。「私は日本人で、いまドバイにいます。今朝のニュースで世界一の高層ビルを建てると知りました。建設現場を見せていただけませんか」と。

30分ほどして「どうぞ案内します」と返事が来たので、タクシーでエマール・プロパディースの本社に行くと、モハメド・アリ・アラバール会長と役員7、8人が出迎えてくれました。

アラバール会長はアメリカの経済誌『フォーブス』の「最も影響力のあるアラブ人ランキング」で、5位ぐらいに入る人です。どこかで見た顔と思いながら名刺交換したら、アラバール会長だったのです。挨拶しただけで、すぐに立ち去りましたが。

宇山　会えただけで、すごいです。

石田　その後、ほかの人たちに案内されて建設現場に行くと、何もない砂漠でした。「本当にここに世界一の高層ビルをつくるの？」と驚きでした。

宇山　基礎工事ぐらいしかできていなかったのですか？

石田　杭が打たれていたぐらいです。「本当にできるのか？」「できたとして誰が使うのか？」と疑問だらけでした。でも建設はどんどん進み、同時に周辺に「ダウンタウン・ドバイ」という街をつくり、さらに周辺に「ビジネス・ベイ」という経済特区もつくった。

宇山　ドバイ・インターナショナル・ファイナンシャル・センターですね。

石田　はるか遠くまで、エリア一帯が全部変わってしまった。ものすごいスピード感です。そのど真ん中に建つのが〝FROM VISION TO REARITY〟の文字が掲げられたブルジュ・ハリファなのです。何もない砂漠から知っている私にとって、この言葉を見るだけで涙が出ます。「ビジョンを現実に変えるとは、こういうことなんだ」と実感します。

そのリーダーシップたるや、日本より中東のほうが絶対に上です。ドバイに限らずサウジアラビア、カタール、アブダビの各リーダーは、すべて日本のリーダーより優れているように思えます。

宇山　ドバイの成功をつくったとされる4人の首長がいます。1人目がシェイク・マクトゥーム、2人目がシェイク・ムハンマド、「ドバイエコノミックアジェンダ　D33」を計画したのも彼です。

3人目がシェイク・ハリーファ、4人目が2人目と同じ名前のシェイク・ムハンマドです。「シェイク」は尊称で、崇拝される賢人につけます。

石田　ムハンマドは、中東に多い名前でもあります。サウジアラビアの皇太子もムハンマドです。

宇山　そして最初の2人がマクトゥーム家出身で、いずれもドバイの首長です。残る2人はナヒヤーン家出身で、アブダビの首長です。

ドバイショックはバブル下のドバイにとっての試金石だった

宇山　ドバイ・インターナショナル・ファイナンシャル・センターの建設で驚くのは、2008年に「ドバイショック」に見舞われたのに、その後見事に成功させたことです。当初は空き室だらけで借り手がつきませんでしたが、いまやほぼ満室になっています。

石田　さらに言うとドバイショックが起きたのは、ブルジュ・ハリファの完成直前でした。これでもうブルジュ・ハリファは完成しないと言われました。まさに〝砂上の楼閣〟だと。

ドバイは石油がほぼ出ないので、プロジェクト資金の大半は欧米から調達したものです。それがリーマンショックの影響で、アメリカやイギリスの企業が資金を引き上げてしまった。「これでドバイは終わり」と、日本のメディアは新聞もテレビも雑誌も書きたてました。私のもとにもロイター通信と時事通信社が「専門家の話を聞きたい」と取材に来ました。

このとき私は「これはドバイにとってチャンスです。ドバイショックは急成長するドバイにとって試金石になります」と答えました。当時のドバイは、明らかにバブルだったからです。

ドバイは住民税も所得税も法人税も無税にすることで、海外の企業進出を促してきました。たくさんの企業に来てもらい、どんどんお金を落としてもらうことで潤うという経済モデルです。

とはいえ当時のドバイは物価がどんどん上がるうえ、渋滞でクルマはまったく動きませんでした。ドバイの幹線道路シェイク・ザーイド・ロードは、一番広いところで片道8車線、上り下りで16車線もあります。それなのに渋滞がひどすぎて動かないのです。

宇山　それぐらいバブルだったのですね。

石田　現地に住む駐在員の家賃も毎月上がっていました。そんな状態ではいくら無税でも採算が合わないと、多くの会社が撤退を始めていました。そうした最中にドバイショックが起きたのです。

これで不動産価格が暴落し、ほかにもさまざまなコストが下がっていった。これがチャンスになると考えたのです。

もともとドバイは税金が無税ないしは格段に安く、関税も自由港なので掛からない。地理的にもアフリカとヨーロッパとアジアに挟まれた大陸のつなぎ目にある。ドバイでビジネスをした企業は、必ず競争力がつくのです。

宇山　距離的にアフリカと近いのは大きいです。ドバイがアフリカの玄関口というのは、アフリカ人の滞在者の多さからもわかります。

石田　いまアフリカでは急速な技術革新が起きていて、「リープフロッグ（カエル跳び）」と呼ばれるほど急成長しています。アフリカには約10億の人がいて、インフラや生活資材など、あらゆるものが足りません。

これまでアフリカといえば「貧困で伝染病もひどい国々」というイメージでした。ほとんどの日本人にとって、アフリカといえば「寄付」の対象です。ところが中東の投資家は何年も前からアフリカを「投資」の対象と言っています。
寄付は間違いで、「魚を与えるのではなく、魚の釣り方を教えたほうが俺たちは儲かる」とアブダビのムハンマド・ビン・ザーイド首長が言っていました。

宇山　実際ドバイショックを経てドバイの経済成長はとどまるところを知らず、不動産価格も順調に上がっています。10年で平均3割以上上がっていて、中心部はさらに上がっています。投機目的のマンション購入も非常に活況で、なかでも中国人とロシア人が、たくさん買っているそうです。
とはいえ高いとされるパーム・ジュメイラの開発エリアでも、坪単価190万円程度です。東京と比べても、まだまだ安い。それを中国人やロシア人が喜んで買っているのです。

石田　パーム・ジュメイラは、観光地や別荘地として開発された世界最大の人工島です。ヤシの木のような形をしていることでも有名で、非常に人気のエリアです。

宇山　それでも現在の不動産価格は手が出ないほどではないので、バブルではありません。ドバイは極めて健全で、バランスの取れた経済成長をしています。その安心感もあって不動産が購入されているようです。投機ではなく、資産形成として評価されているのです。

20代前半で月給120万円もらえるドバイの公務員

石田　先ほどドバイはアフリカへの玄関口という話が出ましたが、日本企業ではソニーやキヤノンが早くから進出しています。ドバイにいったん運んだ製品をドバイの工場で、部品を一部変更するなどアフリカ仕様にして再輸出するのです。

ソニーをはじめ、日本企業がナイジェリアなどアフリカの国に支店をつくることは難しい。日本企業は、ナイジェリアは治安が悪く、まともなビジネスができない国だと思っていますから。

本来ナイジェリアは人口が2億人もいて、インド同様これからものすごく購買力が上がると目されています。ゴールドマン・サックスが発表したＢＲＩＣＳに続く「ネクスト11」の一国でもあります。なにしろアフリカの5人に1人がナイジェリア人なのです。

ヨーロッパではフランスがかなり進出していますが、日本企業はなかなか進出したがらない。そこでナイジェリアの玄関口となるのがドバイなのです。

宇山　ソニーやキヤノンが進出したのは、ジュベル・アリ・フリーゾーンという経済特区です。ここは１９８５年に開設された、かなり古いエリアですね。

石田　いまでは世界から８０００社が進出しています。8000社がそれぞれ駐在員を派遣するから、周囲の人口が増えます。しかも駐在員は給料が高いので、購買力がありま す。たくさんお金を使ってくれるから、ドバイの経済も潤うのです。

駐在員がお金を落とすような店や施設は、いずれもドバイの政府系ファンドが株を30パーセント持っています。またドバイの主要企業は、航空会社のエミレーツと不動産開発会社のエマール・プロパティーズで、これらの株も政府系ファンドが全部押さえています。そこで得た収入を国民に還元するのです。

宇山　２００４年にはドバイ国際金融センターが設立され、センター内は経済特区になっています。ここには世界の金融機関３００社以上が入居し、中東初の原油先物取引所であるドバイ・マーカンタイル取引所やドバイ国際金融取引所もあります。ここから政府に入るお金も相当なものがあります。

石田　ドバイの人口は３３０万人ほどですが、このうちドバイ国籍の人は２割程度です。彼らは医療費や教育費などはすべて無料なうえ、所得税や住民税、社会保障費もいっさいかかりません。

宇山　このような国家を「レンティア国家」といいます。「レンティア（rentier）」は「不労所得者」の意味で、国民は働かなくても生活できるから、このように呼ばれています。ドバイはＵＡＥの一つですが、ＵＡＥはみなレンティア国家です。

さらに言えばアラビア半島の君主国は、すべてレンティア国家です。サウジアラビア、クウェート、カタール、バーレーン、オマーン、ブルネイ、すべてそうです。これらの国で実際に汗水垂らして働いているのは、ほとんど外国人です。

レンティア国家は石油などの天然資源を首長や国王が管理し、国民に利益を分配するシステムを持っています。首長や国王は国民に快適な生活と豊富な石油収入の分け前を約束します。公共事業を行い、福祉を充実させ、病院も教育も無償です。税金は極端に軽く、各種助成金や年金などの手当てが厚く、電気代や水道料金などの公共料金がタダ同然です。一方、それと引き換えに、国民は首長や国王に服従しなければなりません。

石田　これらの国家の国民の大半は公務員です。それも朝出勤して、昼ぐらいに帰ればいい。あるいは外国企業に名義を貸して、報酬を得ている人もいます。外国企業がフリーゾーン以外に会社をつくる場合、登記上の役員に地元の人間を入れる義務があります。そこで名前を使わせる代わりに、役員報酬を得るのです。なかには一人で5、6社に名義を貸している人もいます。結果として、何もしないでも食べていけるのです。

ちなみに私の知人の20代前半の女性は、電気水道局に勤めています。ほぼ公務員と一緒で仕事内容は事務作業ですが、月給は120万円です。しかも先ほど述べたように税金などを引かれないから、120万円がすべて可処分所得なのです。

親もお金を持っているし、家もある。お金の使い道がないので全部、自己投資に回しています。好きなものを買ったり、海外旅行に行ったりするのです。

宇山　120万円は、ドバイ人としては少ないぐらいですよ。

石田　20代前半で仕事も事務作業ですから。これが空港の入国審査官なら、座っているだけで月給300万～400万円ぐらいもらっているはずです。

「ブルジュ・ハリファ」からわかるドバイとアブダビの関係

宇山　エマール・プロパティーズの役員なんて、もっとすごいでしょう。

石田　政府系不動産開発デベロッパーとして、世界中で活躍していますから。中東最大のデベロッパーで、中東だけでなくインドやアフリカなどでも都市開発しています。

宇山　ブルジュ・ハリファのすぐ近くにあるドバイモールも、エマール・プロパティーズが手掛けています。世界最大のショッピングモールで、あまりに広すぎて向こう側の端が見えません。

石田　迷子にならないように専用の地図アプリがあるほどです。検索すると現在地から目的地までの最短ルートを教えてくれるのです。ナイキの店に行きたいならこのルート、アディダスの店に行きたいならこのルートといった具合です。一つのショッピングモールなのに、アプリがないと辿りつけないほど広いのです。

宇山　モール内には水族館もあります。本格的なもので、世界最大のガラスの水槽もあります。

石田　あの水槽はメイド・イン・ジャパンです！

宇山　巨大施設でいうと、世界で2番目の規模のエミレーツ・モールというショッピングモールには、屋内スキー場があります。

石田　あれも世界最大の屋内スキー場です。アラブ人が民族衣装を着て滑っていて、「そんな格好で滑って大丈夫？」と心配になりました（笑）。

宇山　防寒着はレンタルできて、入場料は９０００円ぐらいです。そんな想像を絶する開発をやっている。ドバイは何をするにも規模が違うのです。

石田　ところで世界一の高層ビル、ブルジュ・ハリファはもともと「ブルジュ・ドバイ」の名でプロジェクトが進んでいたのをご存じですか？

宇山　建設にあたってアブダビの首長が支援したから「ブルジュ・ハリファ」にしたのですよね。ハリファは、アブダビの首長の名前です。

石田　これは涙なしに語れない話です。先ほどブルジュ・ドバイの完成直前にドバイショックが起きたと話しました。ドバイはオイルマネーでなく、欧米からの資金調達で成長した国です。ブルジュ・ドバイも借金を頼りにプロジェクトが進んでいたのに、ドバイショックで資金を引き上げられてしまった。

そのためメディアは「ブルジュ・ドバイは完成しない」と言っていましたが、私は完成すると思っていました。「最後の最後でアブダビが救いの手を差し伸べる」とメディアに語っていたのです。ちなみに、あの時点でそう言っていたのは私だけです。

これは当時のメディアが、アブダビとドバイの関係を知らなかったからです。ましてや７つの首長国が集まって、ＵＡＥという一つの国をつくっていることの意味や政治背景を、十分に理解していなかった。

宇山　当時はほとんどの人が、ドバイを一つの国だと思っていました。

石田　ドバイの経済規模は、青森県と同程度で非常に小さい。そんな国がドバイショックに見舞われたから、ひとたまりもないと思ったのです。

でも実際のドバイはＵＡＥの中の一つの首長国に過ぎず、アブダビも首長国の一つです。アブダビはご存じのとおり、世界的な産油国です。アブダビ投資庁という有名な政府系ファンドがあり、１００兆円も運用するほど資金力があります。

このアブダビがＵＡＥのいわば長男で、次男がドバイです。その他5つの首長国が以下に続きます。だからドバイとアブダビはライバル関係にある一方、運命共同体でもあります。ドバイに失速されてはアブダビも困る。だから最後は兄貴として、必ず弟に資金支援する。そう話したら、そのとおりになったのです。

宇山　これに感謝したドバイのシェイク・ムハンマドが、アブダビの首長ハリファ・ビン・ザーイド・アール・ナヒヤーンに敬意を払い、その名前をとって「ブルジュ・ハリファ」にした。

石田　名前の変更が発表されると、つくりかけのホームページや道路標識、ホテル名など、何から何まで全部をブルジュ・ハリファに変えることになります。大変な作業ですが、シェイク・ムハンマドの掛け声のもと、国民はみんな「イエッサー!」と従った。「ブルジュ・ハリファ」で前に進むと決まった瞬間です。さらにもう一つ、印象的な話をします。アブダビとドバイの間は高速道路で結ばれています。

宇山 バブル期に渋滞がひどかったシェイク・ザーイド・ロードですね。片側6車線、両側で12車線もある、中東で最も広い高速道路です。

石田 あれはドバイではシェイク・ザーイド・ロードと呼ばれていますが、国境を越えてアブダビに入ると「シェイク・ラーシド・ロード」になるのです。

宇山 ドバイの首長の名前になるのですか。

石田 高速道路が完成したのが1980年で、いずれも当時の首長の名前です。アブダビはドバイの首長に敬意を払って、ドバイはアブダビの首長に敬意を払って、それぞれの名前を目抜き通りに付けた。

やはり兄弟みたいな関係にあるからです。それぞれに首長がいて、それぞれに法律があるけれど、まったく無関係ではない。日本で同じことをするなら、道州制に近いものかもしれません。

スポーツや文化・芸術振興でドバイと一線を画すアブダビ

宇山　ドバイとアブダビは同じ部族でもあります。ちなみに高速道路ができたときのアブダビの首長が、先ほどのドバイの成功をつくった4人のうち3人目のシェイク・ハリーファです。彼の本名が、ハリファ・ビン・ザーイド・ビン・スルタン・アル・ナヒヤーンです。

また2人目にあたるドバイのシェイク・ムハンマドと4人目にあたるアブダビのシェイク・ムハンマドは、共同でアブダビ市街に隣接するサディヤット島にルーブル・アブダビをつくりました。ふたりはとても仲がいい。

石田　UAE全体で考えると、両者は大統領と副大統領の関係でもありますから。アブダビの首長が大統領、ドバイの首長が副大統領兼首相になるのです。

宇山　慣習的にそう決まっています。

石田　ただし改革開放や都市開発など、いろいろなプロジェクトを先に始めたのはドバイです。いまの首長シェイク・ムハンマドの父が最初にフリーゾーンをつくり、港と空港を整備して経済都市をつくろうとしたのです。

一方のアブダビは、UAEの政治の拠点として機能しています。加えてドバイがやっていないところで強みを出そうと、スポーツや文化・芸術に力を入れています。そうすることで、ドバイと一線を画そうというわけです。その一つが、パリのルーブル美術館の姉妹館ルーブル・アブダビの設立です。ほかに総合格闘技大会のアブダビ・コンバットやF1レースのアブダビ・グランプリなども開催しています。

宇山　アブダビはモスクも建てました。シェイク・ザイード・グランド・モスク。とんでもない大きさで、あの大きさは写真では伝わりません。

石田　シャンデリアもすごい。シャンデリアの下に人が立って写すと、その大きさが一番わかります。世界最大の「スワロフスキー」シャンデリアで、高さ15メートル、直径10メートル、重さは12トンです。それが天井から3つ、ぶら下がっている。ダンプカーを3台吊り下げているようなもので、落ちてこないのが不思議です。

宇山　すごい技術力です。ここには世界最大のペルシャ絨毯も敷かれています。

石田　そのペルシャ絨毯の上に立った瞬間、「僕はイスラム教徒になります!」と言った人を何人も見ました（笑）。モスクはイスラム教の礼拝堂だから、本来イスラム教徒しか入れません。ところがこのモスクは異教徒との宗教理解を深めるために異教徒も入れたいと、シェイク・ザイードが望んだのです。

シェイク・ザイードは完成を待たずに亡くなりますが、彼のおかげでこのモスクは、異教徒でも予約すれば誰でも入れるのです。

宇山　いまは人気が出すぎて、予約もなかなか取れなくなりました。

石田　何週間も前からチケット予約を入れなければならない。チケットは無料ですが、そのチケットがない限り、入れない仕組みになっています。

10年ほど前に行ったときは警備員もおらず、普通に入って絨毯の上をゴロゴロ転がることもできました。当時1歳だった私の息子は、絨毯の上をハイハイで進みました（笑）。それがだんだん厳しくなり、２０２３年12月に行ったときはロープで区切られた通路の上しか歩けませんでした。

宇山　いっそ無料でなく、料金を取ってもいいと思います。30ドルぐらい取ってもみんな来るはずです。

石田　アブダビの観光地といえば、フェラーリワールドは行きましたか？　アブダビ国際空港近くにあるフェラーリのテーマパークです。

宇山　行っていません。あそこもすごいらしいですね。

石田　フォーミュラ・ロッサという世界最速のジェットコースターがあります。世界最大の屋内テーマパークでもあり、ジェットコースターだけでも5、6基あります。

フォーミュラ・ロッサは3秒ぐらいで時速240キロに達します。「1、2、3、バーン！」という感じです。ちょっとしたゴミでも目に入ると失明の危険があるのでゴーグルを着けて乗ります。逆にポケットの中のものは外に飛ばないよう全部出して、ロッカーの中に預けるのです。

体全部が外に出ているから、新幹線の時速240キロとは全然違います。首が取れるかと思いました。所要時間が1分半ほどで、最後の最後までその圧迫感が続くのです。降りたあとは一日中、足腰がガクガクでした。フェラーリワールドは1回チケットを買えば乗り放題なので、5、6回乗ろうと意気込んでいましたが1回で十分でした（笑）。

宇山　やることの規模が全然違う。観光立国としてもすごいです。

石田　アブダビ国際空港の隣りにはマスダールシティもあります。ゼロカーボン都市で、無人で走る電気自動車も走っています。

第5章

資源国サウジアラビア、カタール、アゼルバイジャン

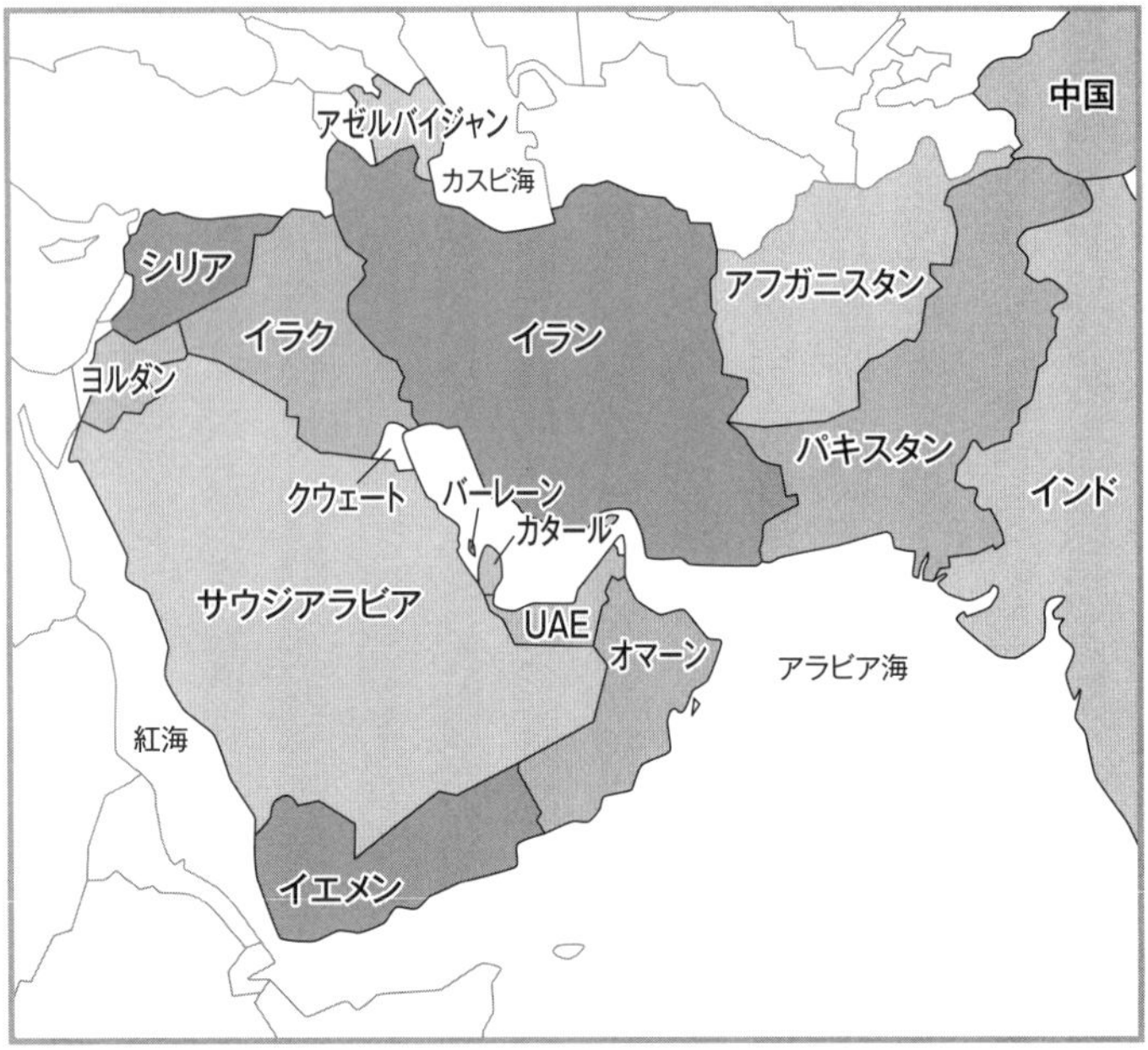

中国
アゼルバイジャン
カスピ海
シリア
アフガニスタン
イラク
イラン
ヨルダン
パキスタン
クウェート
バーレーン
インド
カタール
サウジアラビア
UAE
オマーン
アラビア海
紅海
イエメン

首都だけでドバイの40倍以上の面積を持つサウジアラビア

宇山　第4章において、中東の中でもいち早く台頭したドバイ、アブダビという2つのUAEの首長国を見てきました。第5章では、これら2首長国に負けじと急成長を遂げるサウジアラビア、同じく中東のカタール、また中東ではありませんが、中東に近い民族性を持ち、かつ極めて親日であるアゼルバイジャンについて議論したいと思います。

まずサウジアラビアですが、アメリカに次ぐ世界第2位の石油産出国で、GDPも中東でトルコに次ぐ2位です。サウジアラビアは「サウード家のアラビア」という意味で、サウード王家の独裁国家でもあります。サウード家は1914年に始まった第1次世界大戦ではイギリスに協力し、1931年にネジド・ヒジャーズ王国を建設します。翌年、国名をサウジアラビアに変更しています。

石田　サウジアラビアはメッカとマディーナというイスラム教の二大聖地を抱え、中東の盟主でもあります。

宇山　サウジアラビアの1人あたりGDPは、日本とほぼ同じ3万3000ドルですが、貧富の差が極めて大きく、そのため国民の多くは、かなり貧しい状況にあります。そんなサウジアラビアでも大開発が始まり、すでにドバイを凌駕する状況になっています。

そもそも、国の広さが違います。サウジアラビアの首都リヤドの面積は1554平方キロメートル、一方のドバイの国全体で35平方キロです。サウジアラビアの首都リヤドだけで、ドバイの40倍以上の面積を有しているのです。

リヤドの広さを実感するのが、グーグルマップを見ながら街中を歩くときです。地図上では2区画しか離れていないので、5分も歩けば着くように思います。ところが、1区画が日本の1丁目、2丁目などとはまったく違い、1区画を歩くのに10分以上かかるのです。2区画歩くとなると、ゆうに30分はかかります。

それほど広い土地でありながら、これまで公共交通機関がありませんでした。これがリヤドが発展するうえで大きなネックになっていましたが、ここにきてようやく地下鉄やニュートラムの建設が始まりました。

2030年開催のリヤド万博に向けたもので、私が2024年6月に行ったときには、試運転をしていました。まもなく開業予定で、そうなればさらに大きく発展することは間違いありません。

石田　サウジアラビアは移民大国でもありますね。

宇山　リヤドの南部に、多くの移民が集まっています。私が行ったときも大変な喧騒ぶりで、なかにはパレスチナのガザ地区から逃れてきたパレスチナ人もいました。

石田　こうした移民たちを労働力としてうまく使えるかどうかも、一つのポイントになりそうです。

宇山　ちなみに中東の盟主がサウジアラビアであるのは、サウジアラビアだけ元首を「王様」と呼ぶところに象徴されています。中東諸国の元首の呼び名は、国の成り立ちや体制によって変わります。ＵＡＥのドバイやアブダビは、すべて「首長」です。バーレーンは王国ですが、王様ではなく「マリク」と呼びます。クウェートは「首長」です。オマーンは帝国なので、皇帝を意味する「スルタン」です。そして、サウジアラビアだけが「王様」なのです。

石田　簡単にいうと、サウジアラビアへの忖度です。サウジアラビア以外で「王様」を使うのは、けしからんということです。

日本式の手法が通じない、中東の巨大プロジェクト

石田　サウジアラビアでは現在、ネオムという巨大な未来都市建設プロジェクトが始まっています。これはサウジアラビアに限りませんが、アラブ諸国は巨大プロジェクトを立ち上げるとき、壮大な大風呂敷をぶちあげます。過去にはドバイやカタールもそうでした。

ドバイを象徴する人工島パーム・ジュメイラや超高層建築ブルジュ・ハリファ、あとで述べるカタールのフィナンシャルセンターも、最初は大風呂敷ともいえる超巨大計画から始まりました。その後、計画が何度も何度も変更され、規模縮小もありましたが、アラブ諸国のプロジェクトでは、よくある話です。

日本では、サウジアラビアが財政難に苦しみ、ネオム計画が失敗するといった記事がよくメディアに掲載されています。けれどもサウジアラビアにとって、度重なる計画変更は織り込み済みです。

たとえばドバイで運行されている、ドバイメトロです。この建設には三菱商事、三菱重

工業、大林組、鹿島建設という日本の大手企業が4社、トルコの会社が1社が関わりました。ただドバイメトロ建設は日本企業にとっては損失で、これは日本企業が計画変更に耐えられなかったからです。

最初の予定どおり、きっちりモノをつくりあげていく日本流のやり方が通用しないのが、アラブでの巨大プロジェクトです。日本企業には時間をかけて、確実にいいものをつくるという長所があります。そのしっかりした堅実なやり方が裏目に出て計画変更にフレキシブルに対応できず、耐えられなくなるのです。

宇山　だからブルジュ・ハリファ建設に、日本企業は加わることができませんでした。

石田　サウジアラビアのネオム建設も、ブルジュ・ハリファと同じようになると思います。入札にはいろいろな国の企業が関わりますが、たび重なる計画変更に日本企業はついていけず、ついていけるのはインドや中国、韓国などの企業だと思います。

途中の計画変更はあるにせよ、アラブ諸国のすごいところは、スピード感です。都市経営ゲーム「シムシティ」のように、建設が始まると恐ろしいほどの速度でいっきに進みます。これは砂漠の国家であり、独裁政権だからです。開発の現場は砂漠であり、何もないところです。土地は王様のものであり、そこにどんどんつくっていくのです。

サウジアラビアのネオムの成長経済戦略のロールモデルはドバイです。何がモデルかというと「ハブ・アンド・スポーク」です。

ドバイは金融センター、ビジネスセンター、貿易センターなど、さまざまなビジネスの拠点をつくりました。これを基盤にして、世界中からたくさんの企業を集めています。ちょうど自転車のハブとスポークのような形で、そのハブにドバイはなっているのです。

宇山　そこにはドバイの位置するアラビア半島が、大陸と大陸のつなぎ目にあるという着眼があります。

石田　その地の利を活かすべく、まず空港と港湾の整備を始めました。世界のどこよりも便利な空港としてドバイ国際空港を建設し、世界屈指の巨大さを誇るジュベルアリ港を開いた。さらに世界のどの国からも直行便で往来できる、エミレーツ航空を飛ばした。ドバイはそのために莫大なお金を投じました。

同じようにサウジアラビアも、巨大な空港や港を建設しています。そこから先、ビジネスセンターをつくり、そこに法や税制面で優遇するフリーゾーンにして、世界中から企業を集めるつもりです。

宇山　金融でいえば、キング・アブドラ・フィナンシャル・ディストリクト（キングアブドラ金融街）がそうですね。

メッカとマディーナを抱える観光立国としてのポテンシャル

石田　サウジアラビアの成長戦略の特異性に、観光があります。メッカとマディーナ（メディナ）という、イスラム教の二大聖地を抱えていますから、どのアラブ諸国よりもポテンシャルがあります。

宇山　イスラム教徒にとって、一生のうちに必ず行かなければならない二大聖地です。ただこれまでは観光については、制限をかけていました。

石田　イスラム教徒用には巡礼ビザが準備され、これが観光ビザにもなっていました。巡礼ビザがあれば、イスラム教徒はサウジアラビアに観光に行けましたが、我々異教徒は巡礼ビザを取ることはできません。そのためサウジアラビアに観光目的で訪れることもできませんでした。

イスラム教徒以外がサウジアラビアに行くには、短期のビジネスビザを取るしかなく、この短期ビザもかなり面倒な手続きが必要でした。それが２０１９年に、サウジアラビアへの観光ビザが解禁されました。いまはサウジアラビア政府のホームページにアクセスして、住所やパスポート番号を登録し、クレジットカードでお金を支払えば、誰でも観光ビザがもらえます。

宇山　2万円ぐらいするので、高いですが……。

石田　それでも観光に力を入れはじめたのは確かです。ムハンマド皇太子は「観光立国になる」と宣言しています。サウジアラビアの観光収入は、これからのサウジアラビアの経済や財政を支える大きな力になります。観光客を数多く呼び込めば、いろいろな経済効果も生まれます。

宇山　サウジアラビアのプロジェクトを動かしているのは、ムハンマド皇太子を中心とする王族たちと思われます。これだけの巨大プロジェクトを動かすには、豊富な人材が必要です。

石田　あくまで推測ですが、王室に数多くのブレーンが存在していると思います。欧米はもちろん、国籍を問わず有能なブレーンが数多く参加しているはずです。

ドバイがそうで、中心人物であるシェイク・ムハンマドの周囲に300～400人の外部コンサルタントがいて、彼らに高い報酬を支払っていると聞いたことがあります。おそらく同じようなことをしているでしょう。

アラブ社会の人たちは、良くも悪くも、お金ですべてを解決する面があります。「いいものを右から買ってきて、左に売る」という考え方です。

宇山　だからアラブ諸国の人たちは、自分たちでモノをつくりません。農業製品は別にして「メイド・イン・サウジアラビア」「メイド・イン・ドバイ」といった工業製品は、ほぼありません。

石田　「アラブ商人」という言葉があるように、彼らは商人なのです。アラブ商人が生まれたのは、先ほど述べたようにこの地が大陸のつなぎ目にあるからです。昔からいろいろな民族が行き交い、いろいろなものが入ってきた。「いいものがあればどこからでも買ってきて使う。売る」という考えでやっています。

だから自分たちで何かをつくるよりも、すでにできあがっているものを買ってきたほうがいい。ブレーンやノウハウも同じで発想です。「いいものがあれば、それを買って使えばいい」と考えるのです。

宇山　たとえば人工AI「チャットGTP」があるなら、これを利用しない手はない。最新のテクノロジーを利用したほうが便利というわけです。

石田　日本人は最新のテクノロジーに対して、最初のうち嫌がる傾向があります。大学時代に「俺は絶対に携帯電話を持たない」と豪語していた先輩がいました。「人と人は、ちゃんと会って話したほうがいい」と言っていましたが、何年後かに会ったら携帯電話を2台持っていました（笑）。

このように日本人は最新のテクノロジーに拒否感を抱きがちですが、アラブの人たちは真逆で、最新のテクノロジーが大好きなのです。

中世さながらの街並みを残す第2の都市ジッダ

宇山　同じサウジアラビアでも、西にある紅海沿岸のジッダは、リヤドとは雰囲気がガラリと変わります。

ジッダは昔からメッカへの玄関口で、交易の中心都市でした。ジッダやメッカ、マディーナは、ヒジャーズ地域に位置します。ヒジャーズ地域は、ヨーロッパとアジアを結ぶ交易の要衝です。ササン朝とビザンツ帝国が対立して東西交易が危機に陥ったとき、ヒジャーズは対立地域から遠く、迂回ルートとして使われ、東西交易の富が集中しました。そこからイスラム教も生まれたのです。

石田　19世紀にはドイツの出資で、ヒジャーズ鉄道も建設されました。

宇山　ジッダの街は、アラブ特有の建物や風習が色濃く残っています。石畳の街路がずっとつながり、そこには木でこしらえた窓やバルコニーのような、アラブ独特のデザインの建物が建ち並んでいます。昔ながらの広場や噴水もあり、中世さながらの街並みです。

気質も違います。リヤド人は都会化されていて、日本人に気軽に話しかけてくる雰囲気はありません。さっそうと歩くのがリヤド人のスタイルです。

一方ジッダ人は、古きよき「田舎のアラブ人」としての伝統が残っています。日本人に気軽に話しかけるぐらい、極めて親日的です。彼らはカンドゥーラという、アラブ特有の白装束を着ています。

石田　ジッダはアフリカに近いこともあり、アフリカ移民をたくさん受け入れています。同じくアラブのイエメンからの移民もいますね。

宇山　ジッダが巧みなのは、彼らに大きな商店街の店舗を無料で貸し出しているのです。店舗の立ち上げに必要な資金も、サウジアラビア政府が用立てます。そこで1年間働かせ、結果が出なければ退去してもらう。成功すれば店舗を貸しつづける。移民にビジネスチャンスを与えることで、移民受け入れの政策の一つとしているのです。
ジッダでは、街の拡大も進んでいます。旧市街を観光地として残す一方、北部や南部、さらに東部へと街を拡大しつづけ、リヤド以上に拡大しています。ジッダの北部には驚くほど近代化された空間が広がり、そこには一大ビジネスセンターも建設されています。
石田 ジッダはサウジアラビア経済における第2の中心地ですが、一方で「ハッジ」と呼ばれる、イスラム教徒の大巡礼の玄関口でもあります。ハッジを行う人たちは、まずジッダを訪れなければならない。
宇山 ジッダからメッカまでは、高速鉄道で結ばれています。この高速鉄道に乗ってメッカに向かうのが、最も一般的なルートです。さらにジッダはイスラム教のもう一つの聖地、マディーナとも高速鉄道でつながっています。
石田 メッカはムハンマドがここで生まれたことから第一の聖地であるのに対し、マディーナはムハンマドがヒジュラ（聖遷）によってメッカから移り、イスラム教団を組織したことで第二の聖地になっています。イスラム教の二大聖地と緊密につながっていることが、ジッダが人気のある理由の一つです。
宇山 いまジッダでは、異常なほどのコンドミニアム・ブームが起きています。世界中のイスラム教徒たちが、新たな居住地としてコンドミニアムを求めていて、不動産バブルに沸いています。

じつは酒好きも多いサウジアラビア人

宇山　サウジアラビアの人たちが酒を飲まないのは有名です。でもじつは彼らの中には、週末になると外国で浴びるほど酒を飲む人もいます。私はバーレーンでサウジアラビア人の飲酒姿を目撃しました。

バーレーンは酒や風俗などに非常に緩く、ホテル内にキャバレーもあれば、そこに売春婦のような女性もいます。厳格な戒律で育ったサウジアラビア人にもお酒を飲みたい人がいて、国内では我慢していますが、国外では自由にやっているのです。

石田　週末になるとドバイやバーレーンに行って、1泊2日ほど遊ぶのです。イタリアにも行く人もいます。とくに断食をしなければならないラマダンのとき、「ラマダン逃れ」といって外国に行くのです。とくにバーレーンは、お酒好きのサウジアラビア人にとって、一番近い飲み屋街のようなものです。

宇山　サウジアラビアでは、アルウラにも行かれていますね。

石田　アルウラはサウジアラビアの北西に位置し、「マダイン・サーレハ」という一大観光地への玄関口でもあります。マダイン・サーレハはサウジアラビアで初めて登録された、ユネスコの世界遺産です。

ひと頃までサウジアラビアでは、「マダイン・サーレハを観光地化してはいけない」という世論がありました。ここにはイスラム教が生まれる以前、ナバテア族が住んでいました。ところがイスラム教の成立後、戒律に反することばかりをやっていたので、街ごと滅んでしまった。そこから「呪われている」という言い伝えがあるのです。

彼らの遺跡は長く砂に埋もれていたことから、「砂のアトランティス」とも呼ばれています。観光地化を始めた際も、当初は世論に配慮して1日2組限定でした。私は、その時代に2回訪れています。

ただしムハンマド皇太子の時代に入った2016年以後、観光地化に舵を切ります。そのタイミングで招待されたのが、当時の安倍晋三首相です。

宇山　2020年の日本とサウジアラビアの首脳交渉のときですね。

石田　サウジアラビアでの首脳会談となれば、普通はリヤドやジッダなどの大都市で行いますが、このときはアルウラを開催地にしました。ムハンマド皇太子は日本の協力を得てアルウラとマダイン・サーレハを観光地にしたい思いがあり、わざわざアルウラに安倍首相を呼んだのです。

この時代のアルウラにはホテルも迎賓館もないので、首脳会議はベドウィン族のテントのような民族テントの中で行いました。

宇山 それは面白いですね。

石田 日本ではお土産物一つとっても、きめ細かく、あれこれ工夫しています。そんな日本の観光ノウハウを学ぼうとしたのです。ほかに水素を取り出す技術など、技術面での協力も得たかったと思います。

安倍首相が招かれた頃は何もない街でしたが、私が2024年4月に訪れたときは様変わりしていました。昔は掘っ建て小屋のような空港だったのに、いまはきれいな空港に変わっています。きれいなリゾートホテルや洒落たカフェ、土産物店なども、たくさんできています。博物館もできて、大変な賑わいです。

液化天然ガスにシフトして大金持ちになったカタール

宇山　続いて、カタールの話に移りたいと思います。カタールもドバイやサウジアラビアなどと同じ、レンティア国家です。なかでもカタールは超貴族的で、面積は秋田県ほどですが、国民の1人あたりのGDPは1000万円にもなります。1人あたりのGDPは、リヒテンシュタインに次いで世界第2位です。

それゆえ大の男らが、昼間から茶を飲んでのんびり過ごしています。現地で彼らに話を聞くと、仕事はオイルカンパニーやガス会社関連でした。とはいえ実際には仕事に行かず、顧問のような形で関わり、給料をもらっているのです。

石田　カタールの特徴は、その独自外交にあります。サウジアラビアとイランが対立していた時代は、サウジアラビアを盟主とする湾岸協力会議の一員でありながら、イランともべったりの関係でした。

宇山　カタールの首長家サーニー家はサウジアラビアのサウード家と犬猿の仲です。サーニー家はサウード家に対抗するため、サウード家の敵であるイランと連携し、それが今日まで続いている。

石田　経済成長戦略も個性的です。他の湾岸諸国と一線を画し、1990年代に石油から液化天然ガス（LNG）にいっきにシフトしました。OPECからも脱退し、完全に天然ガス一本に絞りました。

宇山　現在カタールの人口1人あたりの天然ガス保有量は、ダントツで世界一です。

石田　そこには「これからは天然ガスの時代が来る」という見通しがありました。このときカタールが目を向けたのが、当時、成長著しかったアジアです。

ここでカタールがうまかったのは、天然ガスを液化して送るようにしたことです。天然ガスの輸出には、ロシアとヨーロッパを結ぶノルドストリームのようなパイプラインを引く手もありますが、これだと敷設に膨大な時間とお金がかかります。

そこで液化してタンカーで運ぼうと、LNGの精製設備や貯蔵庫、タンカーなどに急激な投資を始めたのです。結果としてカタールはLNG大国となり、世界中でLNGの需要が高まる中、大金持ちになったのです。

カタールが天然ガスに目をつけたのは、戦争やパンデミック、世界景気の変動に影響されにくいからです。石油の場合、飛行機やクルマの燃料となったり、石油化学製品としても使われます。工場の操業にも欠かせません。
一見需要が多そうですが、世界でモノが動かなくなると、需要はいっきに止まります。人が動かなくなれば、飛行機もバスも止まります。
宇山　実際、新型コロナウイルス禍のときがそうでした。石油需要はいっきに減りました。
石田　一方で天然ガスは、需要の大半が発電所と都市ガスです。戦争になろうとパンデミックになろうと、人が生活している限り、発電所も都市ガスも必要です。需要が安定していて、石油のように戦争やパンデミックによる落ち込みは少ないのです。
宇山　そこに目をつけたカタール政府は鋭いです。湾岸諸国の課題の一つに、原油価格の乱高下があります。天然ガスにシフトすれば、その心配はなくなります。
石田　いまや大金持ちの国になったカタールですが、ついひと昔前まで何もない砂漠の小さな村でした。私が30年ほど前に訪ねたときに読んだガイドブックで、カタールは2ページぐらいしか載っていませんでした。首都ドーハは「世界で一番退屈な街」と書かれていた（笑）。それが天然ガスの液化技術により、世界有数の経済国家になれたのです。

エネルギーファイナンスのハブを目指すカタールの成長戦略

石田　カタールが目指す方向性や国のあり方は、やはりドバイが一つのモデルになっています。ドバイと同じように、ハブをつくりたいという思いがあり、何のハブかというと、まずはエネルギーファイナンスです。

カタールは天然ガスの採掘・精製に、ものすごく力を入れています。これらの技術を持っている企業を世界から誘致しようとしています。このとき企業は設備投資のためのお金が必要になるので、銀行も一緒について来ます。日本企業が進出すれば、三菱ＵＦＪ銀行も来るといった具合です。

彼らがビジネスをやりやすいように、エネルギーファイナンスのセンターをつくっているのです。それがカタール金融センターです。

一方でカタール政府は、世界におけるメディアセンターもつくろうとしています。そのためにメディア報道として、つねに中立であり続けなければならず、そこから生まれたのが衛星テレビ局のアルジャジーラです。

日本では「テロリストのメディア」と勘違いしている人もいますが、これは彼らが極めて中立性を重視しているゆえの誤解です。中立性を重視しているから、国際テロ組織のアルカイダやアルカイダから分派したISらの犯行声明をそのまま出すのです。

アルジャジーラは、カタールの王族（首長一族）がポケットマネーでつくったメディアです。そこから「カタールの王族や政府に忖度している」などとも言われますが、そんなことはありません。カタールの王族や政府のスキャンダルや悪口も平気で報道します。そこから「世界で一番中立的で政治的圧力を受けないメディア」と言われています。

宇山　アルジャジーラのテレビカメラは、湾岸戦争にもイラク戦争に入っているし、イスラエル・ハマス戦争にも入っています。

石田　その映像を何の編集もせず、ありのまま流すのが最大の特徴です。たとえばアルカイダやISが犯行声明のビデオを日本のテレビ局に送ったら、編集されます。アルジャジーラには、そうした意識がいっさいないのです。

パレスチナの武装組織ハマスやイスラム原理主義組織タリバンが、ドーハに支部や拠点を設けるのも、何かあればアルジャジーラにいち早く報じてもらうためでしょう。

宇山　石田さんは、アルジャジーラに出演されたことがありますね。

石田　2回出演しています。『オイルマネーの力』という本を出したき、たまたまアルジャジーラの日本特派員がその本を読み、取材に来ました。

いずれにせよカタールは面白い国で、あっと驚くことをやってくれるので、今後が見物です。金銭感覚も、我々のはるか上を行きます。サッカーのワールドカップをカネで誘致し、このときのスタジアムはすべて冷房完備にしました。

「田舎者がいきなり大金を手にしたようなもの」と他のアラブ諸国から皮肉を言われたりもしますが、奇抜なアイデアをどんどん出すのは確かです。

カタールの成長戦略は首長であるサーニー家一族が主導しています。ただし彼らがアイデアマンというより、やはりドバイのように多くのコンサルタントを高額で雇っていると思います。

「イスラム国家は恐い」はアメリカのプロパガンダ

石田　いま見てきたように中東はドバイ、アブダビ、サウジアラビア、カタールと日本とはケタ違いの規模で開発が進んでいます。日本のメディアは中東というとテロと紛争の話しかしませんが、実態はまったく違います。しかも極めて平和な地域です。

宇山　私も危険な目にあったことがありません。

石田　30年前から中東に行っている私からすれば、みんな本当に優しくて安全な国です。にもかかわらず、なぜ光の部分でなくテロと紛争の話ばかり報じるのか。ずっと不思議でしたが、最近これはアメリカのプロパガンダだと気づきました。

日本人にはアラブではなく、イスラエル支持に回ってほしいのです。「アラブが悪で、ユダヤが善」と刷り込みたい。そのため「イスラム国家は恐い」という報道ばかり流してきたのです。だからサウジアラビアをはじめ、中東に行く日本人観光客はほとんどいません。

もったいない話で、彼らは日本人をリスペクトしていて、大半が親日です。街で日本人を見かければ、協力してくれるし、案内もしてくれます。

宇山　実際イランで街を歩いていると、よく「お前は日本人か?」と声がかかりました。彼らは夕方になると広場でゴザを敷いて、ピクニックのように家族で食事をすることが多いのです。そうした人たちから「こっちへ来て一緒に食え」と誘われることも、しょっちゅうでした。

石田　ファミリーみたいな感じで接してくるのです。

宇山　「俺たちは日本人に世話になった」と。イランの王政時代には日本企業があったので、日本語を話せる年輩者もたくさんいます。英語を話せる人はさらに多く、2割くらいの人は喋れます。だから英語で話しかけてくるのです。「お前は日本人か？」と。「日本が好きだ」などと言いながら、商売で話しかけてくる人もいます。「これを買わないか？」と（笑）。でもそうでなく、純粋に話をしたいと歓迎してくれる人もけっこういます。世界をいろいろ回っていますが、こんな国はちょっとないです。

石田　日本人には居心地のいい国です。

宇山　そして中国人は大嫌い。南米では日本人と中国人を一緒にして「チーノ」と言って差別しますが、イランやサウジアラビアの人は、ぱっと見て日本人と中国人の違いがわかります。それで「お前、日本人だな」と声をかけてくるのです。

石田　ナイジェリアなどアフリカでは「ニーハオ」と声をかけてきますからね。「いやいや日本人だよ」と訂正しますが。

宇山　中東では、そんなことはめったにありません。とくにイラン人は親日度合いが世界一だと思いました。全然違う。びっくりしました。

中東を凌ぐ親日国アゼルバイジャン

石田　その親日度合いを上回るのが、アゼルバイジャン人です。アゼルバイジャンはトルコの東に位置するコーカサス地方の一国ですが、イランの人口約9000万人のうち2000万人がアゼルバイジャン人です。首都テヘランの北西にある東アゼルバイジャン州、西アゼルバイジャン州、アルダビール州などはアゼルバイジャン人が暮らしています。

宇山　2024年5月にイランのエブラハム・ライシ大統領のヘリが墜落したのも、東アゼルバイジャン州でした。

石田　国家としてのアゼルバイジャンも、大変な親日国です。宇山さんはアゼルバイジャンに行ったことがありますか？

宇山　残念ながら、ありません。

石田　ぜひ行ってほしいですね。アゼルバイジャンはコーカサス地方の国とはいえ、国教がイスラム教で、国の主要産業が石油・天然ガスという点で中東諸国と似ています。

アゼルバイジャンが親日な理由はたくさんありますが、まず彼らはトルコ系民族なのです。トルコ系民族はみんな親日で、これは日本人がトルコ人を救った「エルトゥールル号事件」を歴史の教科書で学ぶからです。

宇山　明治23年に起きた事件ですね。トルコの親善使節団がエルトゥールル号で日本を訪問し、明治天皇に謁見したあと帰る途中、紀伊半島沖で台風に巻き込まれ遭難した。このとき、近くの海沿いに住む住民が遭難者を不眠不休で救助し、69人の命を救ったのです。

石田　アゼルバイジャン人もトルコ系だから、この話を学ぶのです。トルコ人とアゼルバイジャン人は兄弟みたいなもので、言語もほぼ一緒です。トルコ語を話す人は、アゼルバイジャン語がわかります。東京弁と関西弁の違いすらなく、誤差レベルの言語です。それでアゼルバイジャン人は「エルトゥールル号事件」を学び、いつか日本人に恩返しをしなければいけないと思っているのです。

ただ、この話をアゼルバイジャンの大学の先生にしたら「それは違う」と言われました。「アゼルバイジャン人は3歳の時点で親日教育を終えている」と。

宇山　そんなに早いのですか。

石田　アゼルバイジャン人はみんな日本人が好きだから、1、2歳の子どもにも日本の話をするのです。「日本人は優しくて勤勉で、いい人たちだよ」「京都という歴史が古く、美しい町があるんだよ」「いつか日本に行ってみたいね」などと子どもにずっと吹き込んでいる。だから3歳にもなると、すっかり親日家になっているのです。

しかもアゼルバイジャンでは、日本人だけ入国時にビザが不要です。首都バクーにあるヘイダル・アリエフ国際空港にあるビザカウンターには「この国は5000円」「この国は1万円」などと料金が書かれ、みな料金表に応じてドルで払い、パスポートにビザを貼り付けてもらいます。ところが日本だけ、料金表に「フリー」と書かれているのです。

宇山　それはすごいですね。なぜ、そんなことになっているのでしょう。

日本を目標に国づくりを始めたアリエフ前大統領

石田　少し前までアゼルバイジャンは、バクー油田から採れる莫大な石油がありながら、国民の過半数が1日2ドル以下で生活する貧しい国でした。それをいっきに経済成長の軌道に乗せたのが「建国の父」と呼ばれるヘイダル・アリエフ前大統領です。

このとき彼が目標にしたのが、日本です。戦争で泥沼状態が続いていたアゼルバイジャンを「日本のように繁栄させたい」と思い、１９９８年に日本に来るのです。20人の側近を引き連れて東京や大阪、さらに地方都市もくまなく見て回って感動したそうです。日本は第二次世界大戦の敗戦国で、国中が焼け野原となり、原爆まで落とされた。世界最貧国にまで叩き潰された国でありながら、敗戦から20年ちょっとでアメリカに次ぐ世界第2位の経済大国になれた。さらに世界最先端のテクノロジー国家になった。一方で地方都市に行くと、街はきれいで誰もが教育を受けている。「こんな国をつくりたい」と思い、帰国後さまざまなプロジェクトを進めていくのです。

その一つが、ＢＴＣパイプラインの敷設です。バクー油田の石油をアゼルバイジャンからジョージア、トルコを経て、地中海まで送るというもので、これにより世界中のエネルギーメジャーからの投資がいっきに集まりました。

そして石油採掘には労働力が必要です。世界中から石油会社や天然ガス会社が来れば雇用もたくさん生まれます。しかも石油や天然ガスの会社だから、給料も高い。若者が高い給料をもらい、彼らがお金をたくさん使うことで、雪だるま式に経済が膨れ上がっていったのです。経済成長率も２００５年には26パーセント、２００６年には35パーセントを達成しました。

宇山　アリエフ前大統領は、これほどの短期間で国を豊かにした、いわば国民のヒーローです。そのヒーローが「日本を目指す」と言うのだから、多くの国民は親日にならないはずがない。

石田　だから日本人にアゼルバイジャンにたくさん来てもらいたいし、多くのアゼルバイジャン人に日本に行ってほしい。そのために人的交流が必要だということで、日本だけはビザを無料にして、どんどん来てもらおうと考えたのです。

だから日本人が行けば、すれ違いの女性から「一緒に写真を撮ってもいいですか」と言われるのも珍しくありません。「テレビに出てください」と頼まれることもあります。私は十数回も国営テレビに生放送で出ています。

宇山　私はなぜかドイツを旅行中に、アゼルバイジャン人から声をかけられたことがあります。「日本人ですか?」と。

石田　アゼルバイジャン人も、やはり韓国人や中国人との区別がついている。日本語を話せる人も多いです。

宇山　「こんにちは」「ありがとう」ぐらいは言えます。

石田　日本語の勉強をしている人が非常に多く、大学の日本語学科も学生が増えすぎて日本語の先生が足らないそうです。「誰か紹介してください」とアゼルバイジャンの大学の先生に言われました。

ところが実際にアゼルバイジャンを訪れる日本人は、ほとんどいません。そういう国を知らないことが、日本にとって機会損失なのです。

ヨーロッパ寄りからロシア寄りに移りだしたアゼルバイジャン

宇山　アゼルバイジャンはソ連崩壊後、長らく西部にあるナゴルノ・カラバフを巡って隣国のアルメニアと戦ってきました。経済が成長することで、この戦いにも決着をつけています。

近年はアルメニア系勢力に押されていましたが、２０２３年に軍事作戦で勝利し、彼らを降伏させせます。経済成長したことで軍備を増強し、アルメニアに大きな差をつけられたことが大きいです。

石田　アゼルバイジャンがナゴルノ・カラバフを取り戻したことは、日本にとって大きなチャンスになっています。あの地域は第2章と第3章でも触れたように、ロシアが完成を目指す国際南北輸送回廊の要衝でもあります。

宇山　国際南北輸送回廊はロシアからアゼルバイジャン、イランを経てインドまでを結ぶ計画ですから。

石田　これまで国際南北輸送回廊が実現しなかったのは、アゼルバイジャンと周辺国の関係がギクシャクしていたからです。ロシアとも対立していたし、イランとも対立していた。少し前までイランは、アラス川で軍事演習を行い、アゼルバイジャンを威嚇したりもしていました。

当時のイランは、アルメニアを支持していました。ところがアルメニアがヨーロッパ寄りになったことでアゼルバイジャンに接近し、ここへ来てグローバルサウスとして一枚岩になっています。

いまでは両国を流れるアラス川に共同でダムを2基つくるほど、親密な関係です。アゼルバイジャンでイランの大統領が墜落死したのも、ダムの完成式典に出席するためアゼルバイジャンを訪れたときのことでした。式典当日にヘリが墜落したのです。

宇山　アルメニアがヨーロッパ寄りになったことは、プーチン大統領も怒らせました。

ロシアの援助を受けていたのに、裏切って米欧に近づいた。だから、ロシアも経済発展するアゼルバイジャンに寄っていったのです。ナゴルノ・カラバフ紛争でアゼルバイジャンが勝てたのも、ロシアの暗黙の了解があったからです。

石田　そこは国際南北輸送回廊も視野に入れた話だったと思います。国際南北輸送回廊が完成すれば、グローバルサウスの力はもっと強くなるし、エネルギー支配も強くなります。そうなればG7の影響力は、いよいよ弱まります。

石田　アゼルバイジャンはこれまで西側の国で、ロシアともイランとも敵対していました。そういう国が、色合いを変えてきているのです。やはり日本として西側のみに傾注するのは危険だし、大きなチャンスを失うことになります。

第6章

10億の人口を抱えるアフリカで期待がかかる4国

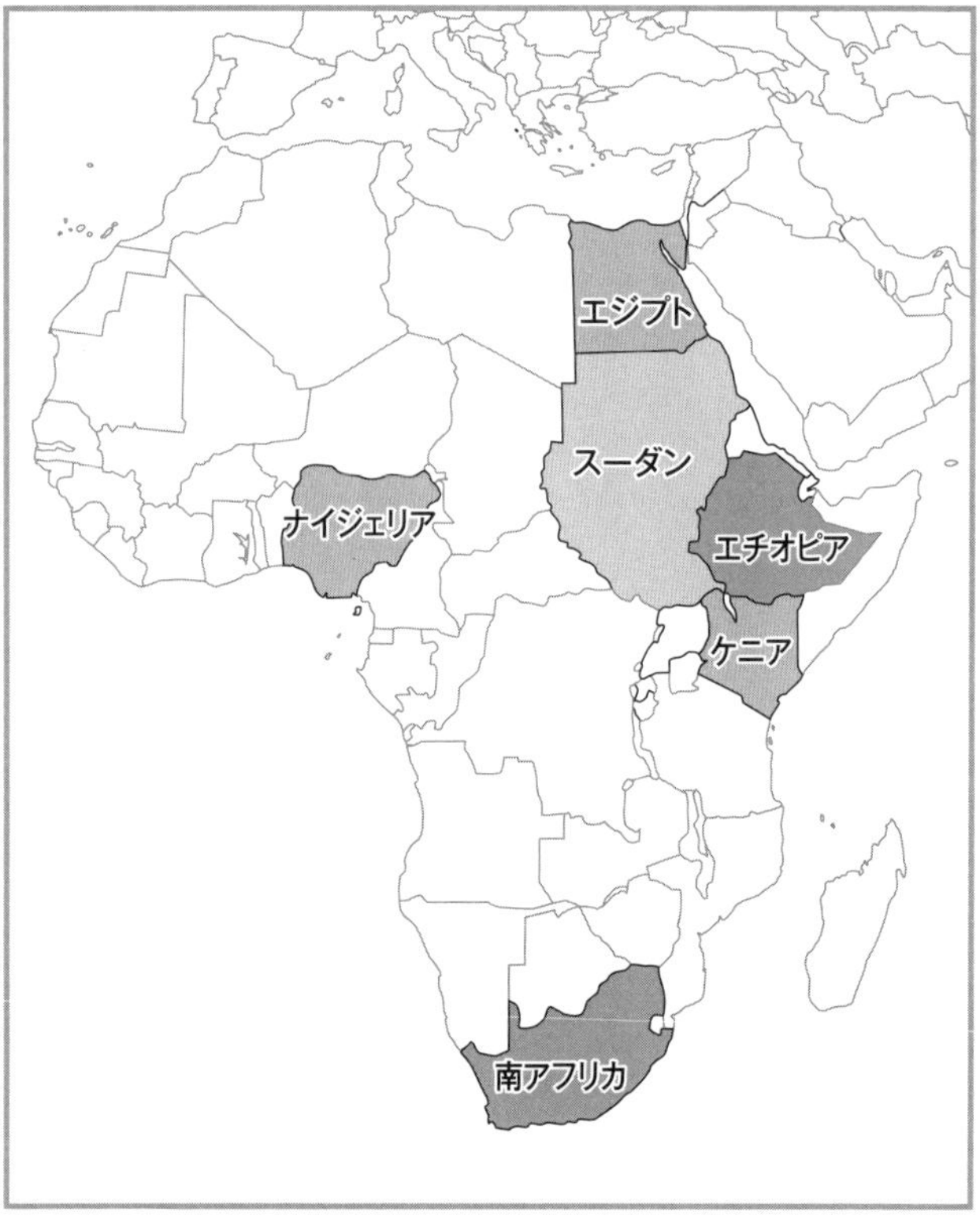
エジプト
スーダン
ナイジェリア
エチオピア
ケニア
南アフリカ

アフリカ中の人が憧れるナイジェリアのビクトリア島

石田　第4章で、ドバイがアフリカへの入り口になっているという話が出ました。すでに述べたように10億人の人口を抱えるアフリカは、やはり経済成長が期待される地域です。第5章ではアフリカの中でも、とくに有望なナイジェリア、エジプト、スーダン、南アフリカ共和国の4カ国について議論したいと思います。

まずナイジェリアですが、ナイジェリアはゴールドマン・サックスが選んだ「ネクスト11」にアフリカで入っている2国のうちの一つです。ナイジェリアというと大半の日本人は「テロリストが多く治安の悪い国」というイメージを持っています。実際そのとおりで、かつての首都でアフリカ最大の都市でもあるラゴスは、世界の凶悪犯罪都市の3本指に入る治安の悪さです。

宇山　そんなに危険なのですね。それでも成長が期待できる。

石田　厳密に言うと「危ない場所」と「安全な場所」で、きれいに白黒分かれるのです。ラゴスは「メインランド」と呼ばれるアフリカ大陸の中にある部分と、「アイランド」

と呼ばれるギニア湾に浮かぶ島々の部分に分かれます。このうちアイランドは、極めて治安がいいのです。

逆にメインランドは、極めて治安が悪い。こちらで停車中に窓を開けたら、車内のものを全部持っていかれるほどです。私も滞在中は「クルマの窓は絶対開けるな」と言われました。

ムルタラ・モハンマド国際空港はメインランド側にあり、通りをずっと走るとラゴスラグーンという琵琶湖ぐらいの大きさの海につながる湖があります。この湖に3本の橋が架かっていて、橋を渡るとアイランド側になります。ここがまるでシンガポールのように美しいのです。

なかでもビクトリア島は「アフリカ中の人たちが目指す」と言われるほど、美しい一帯です。昔のニューヨークのマンハッタン島のようで、アメリカンドリームならぬ〝ラゴスドリーム〟を体現しています。

ビクトリア島を拠点にビジネスを行い、自分の家を持つのがアフリカ人の夢です。だからビクトリア島の不動産価格は非常に高い。東京よりずっと高いのです。

宇山　とてつもなく人気があるのですね。

石田　不動産価格が高いのは、ナイジェリアの不動産をダンゴテという会社が全部仕切っていることも関係しています。ダンゴテはナイジェリアの砂糖とセメントを独占していて、会長のアリコ・ダンゴテ氏は「アフリカ一の大富豪」として知られます。

またナイジェリアではビルやマンションを建設するとき、日本のように工程をきちんと管理しません。そのためロスも多く、人件費などが上積みされていく。そのためコスト高になり、不動産価格が上昇するのです。

この地域だけ金持ちが非常に多く、治安もいい。夜飲みに行くと、朝までクラブやおしゃれなレストランが開いています。店に来るお客は、みんなセレブばかりです。

ラゴスにいる一晩で大富豪になった人たち

宇山　ナイジェリアは、たしか、産油国でもありますね。

石田　ただし油田は、大半が政府の保有です。石油で得た利益は、ほとんど国民に還元されません。

宇山　第4章で紹介したアゼルバイジャンもそうでしたが、世界の産油国の多くが同じような構造です。だから産油国は、貧しい国が多い。中東のアブダビやサウジアラビアなどは例外です。

石田　ナイジェリアの石油の大半は、ラゴスの東側にあるデルタ州で採れます。でもデルタ州の人々は貧しく、中央政府にどんどん利益を吸い取られています。そこから出てくるのが「オーバーナイト・ビリオネア」と呼ばれる人たちです。

宇山　一晩で大富豪になる人たち?

石田　要は政府から利権をもらうのです。私は人の紹介で、そのうちの一人に会ったことがあります。「前の仕事は何ですか?」と尋ねると、「テロリスト」という答えでした。

宇山　テロリストは職業なんですね(笑)。

石田　石油に関するテロをやっていたそうです。デルタ州では石油が採れるけれど、全部中央政府が持っていくので国民は貧しい。「分け前を我々に少しくれ」と交渉して、聞き入れられないとパイプラインを壊すのです。

そんなことを続けていたら、中央政府から「テロをやめれば、代わりに何かの独占権を与える」という話になったそうです。彼がもらったのは、デルタ州でブルドーザーやフォークリフトなどの重機を輸入する権利です。以後は彼を通さないと重機の輸入ができなくなります。

だから一晩にして億万長者になった。そういう人がナイジェリアにはたくさんいて、その最たるものが、セメントと砂糖を牛耳るダンゴテ氏なのです。

宇山　権益ごとに億万長者ができる。

石田　独占禁止法がないから何かを誰かが独占したら、その人は確実に大金持ちになれます。その一方、ほかの人は高値で商品を買わされる。そういう構造があるのです。

宇山　ビリオネアになるのは、現地のナイジェリア人ですか？

石田　そうです。ただし一緒に組んでいるのは、フランス人やイギリス人です。あとレバノン人も多いです。レバノン人はユダヤ人やアルメニア人に次ぐ世界第3位の離散民族で、世界中に散らばっています。そのレバノン人がナイジェリア人と組んでいるのは、ナイジェリアがフランス語圏でもあるからでしょう。レバノン人にはフランス語を話す人が多いですから。

宇山　ナイジェリア人の利権者が英仏とつながっているのは、いまだ英仏の経済的搾取が続いているからですか？

石田　そうです。たとえば銀行は、フランスのソシエテ・ジェネラルがかなり力を持っています。また都市開発に絡んでイギリスのサウスエナジーエックスというデベロッパーも進出しています。

いまナイジェリア政府は、ビクトリア島の沖合で「エコアトランティックシティ」という新都市開発を進めています。山の手線の内側半分ぐらいを埋め立てる巨大プロジェクトですが、政府が汚職で汚れているからなかなか先に進まない。そこで出てきたのが、サウスエナジーエックスです。

ここがメインデベロッパーとして進める権利を譲り受けると、ものすごい速さで進むようになりました。私が２０１３年に行ったときは何もない埋立地でしたが、すぐに高層ビルが建ちはじめ、さまざまなプロジェクトが進んでいます。

そのうちの一つが、世界最大のショッピングモールの建設です。ドバイのエマール・プロパティーズが世界最大のショッピングモールをつくる計画もありますが、それ以上のものをつくるそうです。

クルーザーを通勤に使うラゴスの富裕層

宇山　数あるアフリカ諸国の中で、なぜナイジェリアに注目されたのですか？

石田　一つはナイジェリア人の知人がいるからです。日本とナイジェリアを行き来している女性で、あるとき親しくなり一緒に食事をするようになりました。彼女に誘われたのです。いまのナイジェリアは経済発展して、お金持ちもたくさんいる。だけど日本の商品がまったくないからビジネスチャンスだと。

宇山　それで日本から、わざわざナイジェリアに行った。

石田　彼女はそれなりに裕福なナイジェリア人で、ビクトリア島に住み、そこで会社も経営しています。彼女の会社のそばのホテルに泊まり、彼女の友達に運転してもらって一週間ほどあちこちを回りました。

このとき銀行の頭取や新聞社の社長など、次から次へと立派な肩書の人たちを紹介してもらいました。なぜそんなに紹介してくれるのか尋ねると、「石田さんは動いたから」と言われました。

彼女はジェトロを通じて、日本のいろいろな中小企業と関わっています。彼らにも「ナイジェリアにはビジネスチャンスがあるから、ぜひ来てください」と言ったそうです。ところがみんな「面白そうですね。検討します」と言うだけで終わってしまう。来たのは私だけで、それだけで信用度が全然違います。「この人は信用できる」となり、いろいろな人を紹介してくれたのです。

宇山　ナイジェリアまで行く人は、そうはいないでしょう。

石田　行かないなら「行かない」と言えばいいのです。「ナイジェリアは恐いから」「遠いし、お金もかかるから」などと断ればいいのに、日本人は「前向きに検討します」と言うのです。

最初から断るのは申し訳ないと思うのでしょう。そこが日本人の美点でもありますが、外国人には「イエス」「ノー」をはっきり言わないとダメです。「検討します」と言われれば、相手は来ると思って準備します。それが「やっぱり行きません」となるから、「最初からそう言ってほしい」となるわけです。

宇山　逆に石田さんは本当に行ったから、いろいろな人を紹介してもらえたわけです。

石田　あと偶然ですが、大手飲料メーカーのナイジェリアン・ブルワリーズの副社長にも会いました。ナイジェリアン・ブルワリーズはビールや清涼飲料水などをつくる会社で、当時の時価総額はアフリカ4位でした。ホテルのラウンジで彼女とお茶をしていたら、たまたま副社長がいて紹介してもらったのです。

いろいろな話を聞きましたが、面白かったのがお酒にまつわる話です。ナイジェリアにはイスラム教徒とキリスト教徒が半々います。ナイジェリアの北部にイスラム教徒が多く、南部はキリスト教徒が多い。でもこの会社の売上げの8割はイスラム教徒が多い北部なのです。

宇山　ナイジェリアのイスラム教徒は、相当お酒を飲むのですね。宗教上、大丈夫なのですか？（笑）

石田　何を飲むのか尋ねると「何でも飲む」というくらいですから、まあ、目をつむってくれるのでしょう（笑）。ただ日本酒と焼酎はないから、あれば売れるのではないかという話でした。

あと驚いたのが、富裕層の移動手段です。ラゴスのメインランドからアイランドに行くとき、普通は3本ある橋を使います。ところが金持ちは、船で移動するのです。ラゴスは渋滞がひどく、橋を使うよりよほど速いからです。

沿岸にクルーザーがいっぱい停まっていて、これらをリゾート用でなく、通勤用として使っているのです。

宇山　島が富裕層の家や職場になっている都市ならではですね。

石田　ラゴスではポルシェの支社長にも会いました。南アフリカ共和国のヨハネスブルクから転勤してきたそうで、ヨハネスブルクよりラゴスのほうがいいと言っていました。なぜならクルマを壊されないから。

宇山　ヨハネスブルクでは壊されるのですか？

石田　ショールームの展示車が壊されるそうです。壊して車内にある金目のものを奪うのです。タイヤやホイール、部品まで含めて。ラゴスも泥棒はいるけれど、クルマを壊してまで盗む奴はなかなかいない。「ラゴスは治安がいい」と（笑）。

韓国製に売り負ける日本の家電

石田　ショッピングモールの家電売場も興味深かったです。日本の冷蔵庫と韓国の冷蔵庫が並んでいて、韓国製品のほうが圧倒的に品揃えが豊富なのです。テレビもサムスン製はたくさんあるのに、パナソニック製は置いていませんでした。理由を聞くと「日本の代理店は動きが遅く、追加の商品がなかなか入ってこない」と。商品を頼んで翌日に入るのが韓国製、日本製は翌月までかかるそうです。

また冷蔵庫は韓国製ばかり売れています。理由は扉にカギが付いているからです。アフリカではカギ付きの冷蔵庫でないと、お手伝いさんに中のものを盗まれる。冗談のような話ですが、本当です。

しかも韓国の冷蔵庫には「ビルト・フォア・アフリカン」、つまり「アフリカ人のためにつくりました」と書いてある。さらに壊れても10年間保証する。これでサムスンの冷蔵庫はバカ売れしているのです。

一方で日本の冷蔵庫は、日本と同じものを売っています。勝手に氷ができる機能なども付いている。でもアフリカ人にそんなものは不要で、欲しいのはカギ付きの冷蔵庫です。だから日本の冷蔵庫は売れない。しかも日本のほうが高値ですから。

宇山 日本企業は市場開拓に熱心ではないのです。何事もそうです。現地のことを調べもせず、「日本製は優秀だから売れる」と思い込んでいる。

石田 たぶんナイジェリアの代理店に任せきりなのです。彼らはたいして働きません。その意味で日本企業は人使いもうまくない。

宇山 それでは売り負けて当然です。

石田 韓国はものすごくローカライズしています。商品もナイジェリアあるいはアフリカ仕様にしているし、営業もナイジェリア仕様にしています。日本は日本のルールや製品を押しつけ、彼らが求めているものを売ろうとしない。家電売場の人に、そう言われました。

宇山　いまや海外で日本の家電製品を見ることは、ほとんどなくなりました。どこの国に行っても寂しい限りです。

石田　昔は日本製品ばかりでしたが、いまは韓国製や中国製のハイアールなどが主流です。

世界に出て行くナイジェリア人たち

石田　もう一つナイジェリアの話をすると、ナイジェリア人は世界に出て行く意欲がすごいのです。一人一人のモチベーションが高い。

たとえば「アートの殿堂」といわれるニケ・アートギャラリーに行ったときです。ここでは絵画やオブジェだけでなく、音楽などいろいろな若手アーティストの作品を集めています。4階建てのけっこう大きな建物で、さまざまな作品が所狭しと飾られています。

私が行ったとき、たまたまジェミリーという女性ボーカリストが来ていました。日本のMISIAみたいな、ものすごく高音できれいな歌声の女性です。オーナーのニケさんに彼女を紹介されて、「この子、歌がすごくうまくて、世界に出ようと頑張っているから応援してあげて」などと言われました。

フェイスブックで友達になり、その後ずっとつながっています。たまたま5、6年経った頃に彼女のタイムラインを見たら「いまニューヨークにいる」と書かれていました。どうやらコンサート中で、よく見ると全米ツアーでした。いつの間にこんなすごいアーティストになったのかと驚きました。

宇山　アメリカは外国の無名なアーティストでも、才能があれば受け入れる土壌があります。日本では彼女のような人が出てきても「文化が違う」などと言って、なかなか受け入れません。アメリカは、そういうところがさすがです。

石田　だからナイジェリア人も、アメリカとイギリスを目指すのです。ラゴスでは、イギリスの金融機関で働いている人たちにも会いました。飲み屋で大騒ぎしている若者たちがいて、日本人は珍しいから声をかけられたのです。一緒に飲むことになり、聞けば仲間が明日結婚式だから打ち合わせをしていると。

「よかったら招待状をあげる」と誘われ、面白そうだから翌日昼の12時頃に行きました。みんな朝7時頃から飲んでいたようで、会場はもうすっかりできあがっていた。ヘネシーやVSOPの空きビンがゴロゴロ転がっていて、次の日までダラダラ飲み続けるのです。

一緒にウイスキーを飲みながらあらためて彼らの素性を聞くと、みんな名刺を渡してくれました。見るとロンドンの金融機関に勤めていて、シティバンクや野村證券、バークレイなど一流どころばかりでした。ふだんはイギリスにいて、友人の結婚式のために戻ってきたのです。

彼らによるとナイジェリア人でちょっと教育を受けた人は、だいたいロンドンかニューヨークに行くそうです。現地の金融機関に勤めてそのまま結婚する人が多いけれど、今日の新郎新婦はナイジェリアに戻ってきた。野村證券に勤めている人に通訳してもらい、そんな話を聞きました。

宇山　世界の中でもトップクラスのエリートですね。

石田　バークレイやHSBCで役職付きで働いている人なら、億単位の年収をもらっています。

ナイジェリア人は語学が堪能なのです。ラゴスの都市部では、たいていヒンズー語かハウサ語を話します。インドには200以上の民族がいて、言語も同じぐらいある。そのうちの一つがハウサ語で、それ以外の言語もたくさん使われています。
でもヒンズー語やハウサ語では世界で戦えない。だから多くの人は英語やフランス語も勉強していて、3言語、4言語話せる人が珍しくありません。
ITにも強くて、そこから「ナイジェリア人の手紙」という国際的詐偽が広がっているほどです。

宇山　「ナイジェリア人の手紙」という詐偽があるのですか？

石田　以前よくありました。英文のメールが来るのです。「ある会社に10億円送金したいけれど、ブロックがかかって送れない。いったんあなたの口座に送金するので、私が指定する口座に振り込んでほしい。お礼に手数料をお支払いします。つきましては銀行口座を教えてください」。そんな内容です。
ここで口座番号を教えたらアウトです。ハッキングして暗証番号を探り当て、口座内の預金が全部引き出されます。

宇山　そういうメールなら、しょっちゅう来ます。

石田　日本人は英文のメールを読まない人が多いので被害者が少ないですが、英語圏の人はかなり被害にあっています。ナイジェリアにはハッキングの技術のある人が多く、この手の詐偽が多いから「ナイジェリアの手紙」と呼ばれるのです。

宇山　それほどＩＴ技術に優れている。この技術をもっと有用なことに使ってほしいですね。

エジプトに生まれはじめた新しい動き

石田　次にナイジェリアと並んで「ネクスト11」に選ばれているエジプトを見ていきます。エジプトで注目したいのは、２０１５年にズフルガス田という巨大天然ガス田が発見されたことです。これに伴い東地中海ガスフォーラムを発足させ、イスラエル、ヨルダン、パレスチナ、キプロス、ギリシャ、イタリアらと天然ガス開発のための国際的枠組みづくりに取り組んでいます。

加えて西側諸国や中東諸国、さらにイスラエルとも連携が取れる数少ない国でもあります。近年は中国やロシアとも距離を縮め、さまざまなグローバルサウスの国々と全方位外交を進めています。

宇山　エジプトは長く独裁政権が続いていましたが、「アラブの春」による大規模反政府デモを受けて辞任し、２０１２年にムハンマド・ムルシー大統領が誕生しました。ただし翌２０１３年にはクーデターにより失脚、あとを継いだのが現在のアブドルファッターフ・サイード・フセイン・ハリール・アッ＝シーシー大統領です。

石田　シーシー大統領は混乱を収拾するため強権政治を復活させましたが、経済成長により国内を安定させようと、経済優先の政策をとっています。

宇山　エジプトの人口は１億人超ですから、高いポテンシャルがあることは間違いありません。

石田　アラブの春が起きたことで、エジプトには新しい制度がどんどん生まれ、新しいビジネスもたくさん生まれています。若者の活躍も目立ち、国民の10パーセントを占める富裕層のうち、約６割が30代以下です。

エジプトにはカイロ大学やアインシャム大学などの名門大学があり、中東における随一の教育大国です。その頭脳がうまく生かされている格好です。

新たな都市計画も発表されています。首都カイロの東に、ニューカイロという都市があります。ニューカイロを含めた大カイロ圏には、およそ２０００万人が暮らしているとされます。ここに新しい都市を建設し、ゆくゆくは首都を移転させる予定です。ドバイやサウジアラビアを彷彿させるプロジェクトといえます。

宇山　まだまだ進化を続けそうです。

石田　宗教的対立も緩和される期待が高いです。エジプトは人口の9割がイスラム教徒で、残る1割程度がキリスト教徒の中でも少数派のコプト教徒です。これまでイスラム教徒はモスクをつくることができる一方、キリスト教徒は教会をつくることが法律で禁じられていました。

シーシー大統領はこれを撤廃し、イスラム教徒とキリスト教徒が共存する社会を目指しています。その象徴としてニューカイロの同じ場所に、世界最大級のモスクと世界最大級の教会を建設しました。

私はモスクと教会が完成した直後の2019年に行き、中を見学させてもらいました。私は記念すべき外国人入場者の第1号だったそうです。本来この日は入場できなかったのですが、同行していた警察官が「日本から来た大切なお客さんだから、なんとかならないか」と交渉してくれたのです。やはり私の持論である「中東は親日」を実感しました。

二つの建物からは「新しい時代をつくる」という空気を感じました。現在エジプトの新しい観光名所としても注目されています。

宇山　ただエジプトは近年、貿易赤字が膨らむ傾向にあります。2015年に400億ドルだった対外債務が2022年には1629億円にまで増えました。慢性的な貿易赤字、外貨不足、対外借入金の増加といった状態にあります。

2024年にBRICS加盟国となったことでBRICS開発銀行からの融資が期待できますが、一方で中国から数十億ドル規模の借り入れがあります。債務の罠に陥らないか注視することも大事です。

スーダンと南アフリカのポテンシャル

石田　アフリカではスーダンも興味深い国の一つです。

宇山　内戦のイメージが強い国です。

石田　スーダン内戦は1983年から2005年まで続き、アフリカ大陸で最も長い内戦です。内戦で荒廃したスーダンの土地は、その後、安い値段でサウジアラビアやUAEといった中東諸国に買われました。なかでもUAEは自国の面積の3分の1、東京都とほぼ同じ広さの農地を買い上げたと言われています。
目的は、食料自給率の向上です。スーダンは農業分野において、世界屈指の環境を有しています。スーダンはアフリカ最長級の長さのナイル川が縦断し、首都ハルツームには青ナイルと白ナイルという水質も栄養価も違う、2つの川が合流しています。世界的に見ても希有な肥沃な土壌で、これにUAEのアブダビ投資庁が目を付けたのです。
さらにUAEに続いてサウジアラビア、カタール、クウェートの政府系ファンドも購入していった。そこにはグローバルサウスの国々で経済を回したい意図もあるようです。

宇山 ただスーダンでは再び内戦が始まっていますね。

石田 2005年に収まった内戦は、スーダンの北部に住むイスラム教徒のアラブ人と、南部に住むキリスト教徒のブラックアフリカンによる衝突でした。もともとスーダンはアラブ人を優遇し、彼らが石油や金鉱山などの資源を支配していました。これに納得いかない南部のブラックアフリカンが蜂起して、内戦に発展したのです。
2005年に和平合意が締結すると、2011年に南部のブラックアフリカンによる「南スーダン共和国」が誕生し、以後しばらく安定していました。ところが2023年4月にスーダン国軍と準軍備組織のRSFが首都ハルツームを中心に衝突し、以後内戦が続いています。

とはいえスーダンの農業大国としてのポテンシャルは変わりません。しかもスーダンの本音は、中東諸国よりも日本が進出してほしい。

宇山　日本のほうが農業技術が進んでいますから。日本の商社に対する評価も世界的に高いです。

石田　私は過去3回、日本人をスーダンに連れていくツアーを主催していますが、そのたびにスーダンの高官たちから「農業関係者を連れてきてほしい」と言われました。日本の東大に匹敵するスーダンのハルツーム大学には日本語学科があり、日本語を話せる優秀な人材も多くいます。

すでにアメリカの企業も進出しています。内戦が激化していた時代はアメリカから経済制裁を受けていましたが、トランプ政権時代に解除され、以後、耕運機の会社や肥料の会社などが入っています。

いまの内戦が続くかぎり難しいでしょうが、内戦終戦時に備えて日本企業もスーダンと関係を築いておくことは重要だと思います。

宇山　進出自体は先の話でも、内戦の行方を関心を持って見ていくことは、進めておきたいところです。

さて最後に、日本からかなり遠いですが、南アフリカ共和国にも簡単に触れておきます。言うまでもなくBRICSの一角であり、アフリカ大陸で最も経済的に発展した国です。唯一の工業国で、G20に参加する唯一の国でもあります。

主要貿易国は中国、アメリカ、ドイツ、日本で、インフラもヨーロッパ並みに整備されています。南アフリカ最大の都市ヨハネスブルクには、BRICS銀行のアフリカ本部もあります。

石田 2022年のGDPは約4000億ドルで、これはエジプトと並んでナイジェリアに次ぐ規模です。金、プラチナ、ダイヤモンドなど鉱物資源が豊富なことでも知られます。

宇山 一方で国内における格差や貧困が深刻な社会問題になっています。民主主義国ですが、長くアフリカ民族会議が与党の時代が続き、汚職や不正が横行しています。不況や失業率の上昇といった問題もあります。

第7章

最も危険で最も面白い、南米の国々

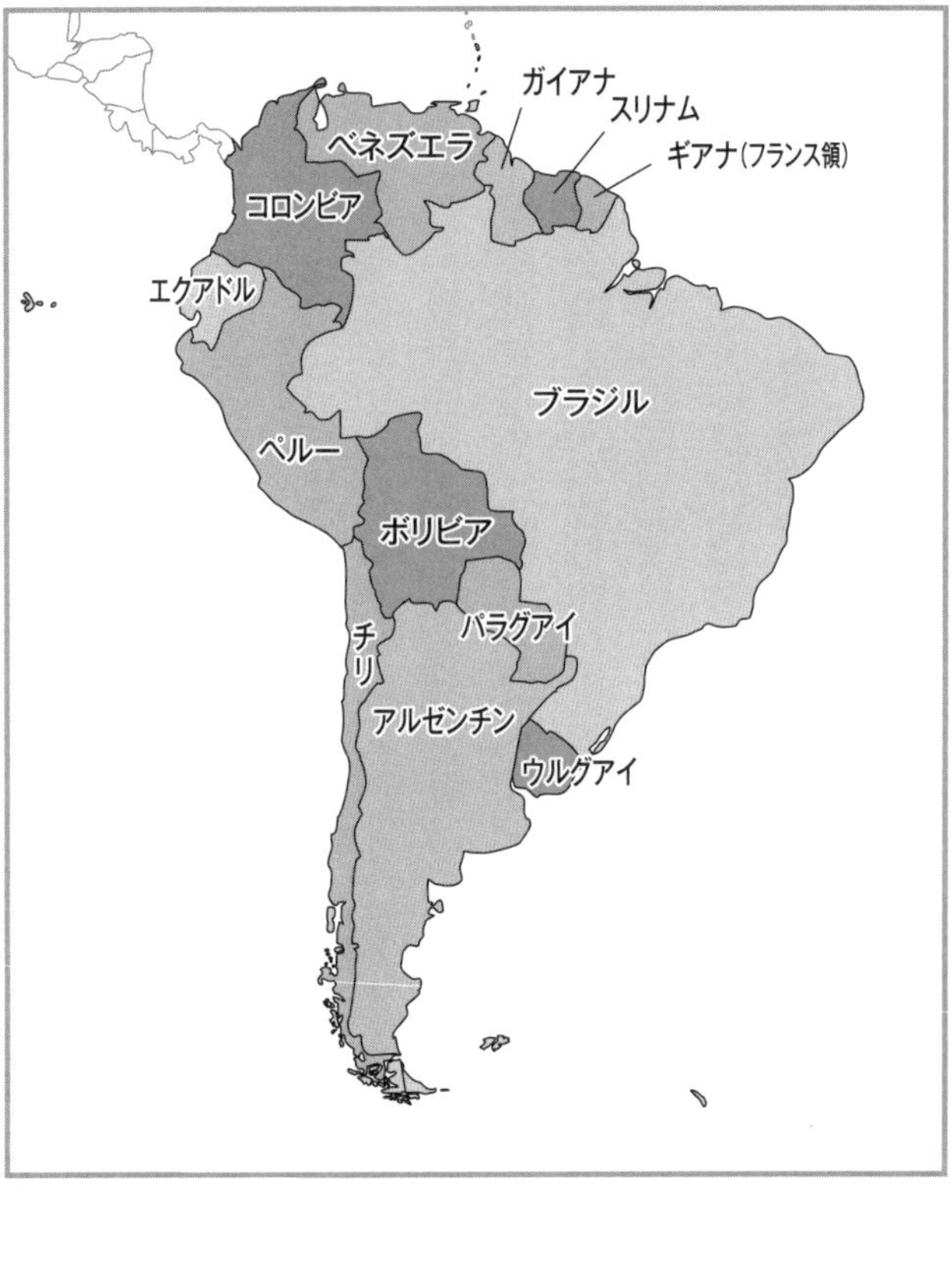

ガイアナ
スリナム
ギアナ(フランス領)
ベネズエラ
コロンビア
エクアドル
ブラジル
ペルー
ボリビア
パラグアイ
チリ
アルゼンチン
ウルグアイ

中国の影響力が著しいブラジルで日本が入り込む余地

宇山　第5章ではＢＲＩＣＳ２カ国を含むアフリカ大陸において、今後の期待が大きい4国について見てきました。本章ではさらに地球を西に回り、南米大陸において期待値の高い国々を見ていきたいと思います。

南米で最もポテンシャルが高い国は、やはりブラジルです。２００１年当初からＢＲＩＣＳの構成国の一つで、南米最大の経済規模を誇ります。人口も2億人超と最多で、それだけで十分高いポテンシャルがあります。ユーラシア大陸以外の途上国で、最も発展する可能性が高いといえます。

ブラジルでは２０２３年にルーラ・ダシルバ大統領が誕生しました。彼が所属する労働者党は左派政党で、彼自身、欧米中心の世界秩序に激しく反発しています。２０２４年6月に招待国としてG7サミットに参加した際も、ゲストであるウクライナのゼレンスキー大統領の顔を見ないなど、ロシア寄りの言動が目立ちます。ウクライナに対して「クリミア半島を断念せよ」とも述べています。

石田　まさにロシアへの経済制裁に加わらない国々の集合体が、グローバルサウスであることを体現する大統領です。

宇山　実際、彼は南米におけるグローバルサウスの牽引役を自認しています。ただ厄介なのは中国の経済的影響力が、ブラジルに深く浸透していることです。

南半球最大の人口を抱えるサンパウロには、リベルダージという有名な日本人街があります。ポルトガル語で「自由」を意味するこの一帯は、以前は日本の寿司屋や日本料理店が軒を連ねていました。それがいまは買収され、中華料理店になっています。

石田　非常に象徴的な話です。

宇山　中国の経済的影響力の浸透は、ルーラ大統領になって加速すると言われています。しかもこれはブラジルだけでなく、メキシコなどを含む中南米全体の話でもあります。２０２３年の中南米全域の中国との貿易総額は年間63兆円にのぼり、これが２０３５年には98兆円を超えるとされています。それぐらい中国との蜜月関係を築いています。

２０１７年以降、パナマやドミニカ共和国、エルサルバドル、ニカラグアが中国からの経済支援などを受け、台湾と断交しています。

ただし日本が入り込む余地はあります。以前南米のコロンビアに半年ほど滞在した際、面白い話を聞きました。コロンビアにも中国資本が進出していて、無茶苦茶な搾取を行っています。こうしたこととは対照的に、日本の商社は素晴らしい試みをしているのです。

コロンビアの主要産業の一つはカカオ豆やコーヒー豆の生産で、それらは昨今、価格が急騰しています。本来なら大きなビジネスチャンスですが、これがうまくいっていません。コーヒー豆やカカオ豆の栽培地の多くは山奥で、大量輸送する手段がないからです。

道路もトラックも不足していて、大量に採れたコーヒー豆やカカオ豆を効率よく出荷して輸出することができない。そこに日本の商社が入り、山奥に道路をつくり、トラックや農業機械を貸し出すといったことを始めたのです。できたコーヒー豆やカカオ豆は正当な値段で買い取り、さらに水道を引いたり学校を建てるなど、インフラ整備に関する助成も行っている。そのような地域経済全体の底上げをする取り組みをしていると聞きました。

エクアドルでも同様の試みをしていて、これらの山奥に住んでいる人たちにとって、日本の商社は神様のような存在になっています。

これまで中国が農村でやってきたのは、ひたすら搾取です。骨の髄まで絞りとり、搾取し尽くしたところで捨てる。ところが日本は初期投資からしっかり行い、一緒に発展しようと考える。

「これが日本のビジネスマン」というのが、南米のとくに山間部の人たちの共通認識になっています。「日本の企業なら大歓迎」ということで、一緒に農業を展開するケースが徐々に増えてきているのです。

南米は危険だからこそ面白い

宇山　ただここで残念なのが、日本の商社には、南米にどっぷり根づいてまでもビジネスをする気はない、ということです。南米諸国が積極的に投資を呼びかけても、日本側が応えない。応えているのは評判の悪い中国なのです。

日本の評判を考えればものすごいビジネスチャンスなのに、それを活かせていません。たとえばメキシコには牛丼チェーンのすき家が進出しています。20店舗以上展開していて、本当ならブラジルやアルゼンチン、コロンビアなどにも展開したい。そのためには最低でも日本人駐在員を一人か二人は置く必要がある。ところが人を募っても、手を挙げる人がいないそうです。

石田　ナイジェリアやインドと同じですね。「面白そう」とは言うけれど、誰も行かない。

宇山　日本の倍以上の年収を出すといっても、なり手がいない。「絶対に嫌！」「そんなところに行けば殺される！」というわけです。

実際、治安は悪いです。私もナイフを突きつけられて「カネを出せ！」と脅されたことがあります。スリにもあいました。細心の注意を払っていても、気づいたらスラれている。大通りを歩いていてもナイフで脅してくる。ブラジルやメキシコではマフィアによる銃の撃ち合いも目撃しました。その意味で南米は何があってもおかしくないところです。

現地の腐敗ぶりは、警察にも現れています。２０２２年にメキシコに行ったときは警察からお金を盗られました。空港からホテルに着いたところで、水や食料を買いに近くのコンビニに行ったのです。夜11時頃と少し遅い時間でしたが、ホテルから１５０メートルほどの距離です。

大通りを歩いていると、パトカーが私の横で止まった。警察官が二人出てきて、「こんな夜中に歩いているのは怪しい」と言って、その場で取り押さえられたのです。それから身体検査が始まり、ポケットからお金を抜いているのがわかりました。６０００円ぐらいでしたが、財布はあえてホテルに置いてきたので、これぐらいの被害ですみました。

石田　賢いですね。最初から警戒していた。

宇山　もちろんです。ここで警官に抗議したら逮捕されかねません。６０００円ですむなら、そのほうがいい。警察ですらこのありさまですから、この国の腐敗ぶりを実感しました。

石田　コロンビアはどうですか？　普通ナイフを突きつけるのは、脅してものを奪うためですが、コロンビアでは、殺して動かなくなってから奪うと聞きました。

宇山　そう、脅しでなく本当に刺します。だから恐い。「そんな国に行きたくない」というのが、いまの日本の若者です。

石田　いきなり刺される国は、若者でなくても行きたくないでしょう（笑）。

宇山　だからこそ面白いのです、みんなが行かないから。実際、中国人は勇敢にも行って、どんどんビジネスをしています。同じアジア人で、なぜ日本人はそれができないのか。とくに若者にはフロンティアスピリットで行ってもらいたい。

石田　私は同じ行くなら中東に行きたいですね。

宇山　ただ南米は物理的恐さはあっても、いちおう民主主義国なので、私有財産権も保証されています。ビジネスを行ううえでいきなり資産を没収されるといった理不尽なことは起こらない。それなのに日本人は行かない。こういうところで世界中のビジネスチャンスを失っているのです。

石田　中国人は何もされないのですか？

宇山　もちろん中国人もターゲットにされます。殺された人もいっぱいいます。「アジア人はカネを持っていそうだ」と狙われるのです。だから私は歩くときは乞食みたいな格好をしましたが、やられるときはやられました。それでもリスクをとって、ビジネスを展開してほしい。「ビッグマネーのために自分は殺されてもかまわない」といったフロンティアスピリットを発揮して。

そもそも命の危険があるといっても、ボディガードをつければ大丈夫です。あるいは一人でも夜中に歩かなければ大丈夫です。ナイフを突きつけられたとしても、1、2万円ほど、くれてやればいいのです。

石田　何事も経験ですね。

政治の腐敗が経済成長を妨げる最大の問題

宇山　また政治的に見ると、中南米はどんどん脱アメリカ化を始めています。2022年6月にバイデン大統領が地域の盟主たる立場をアピールしようと、中南米の首脳を集めた米州首脳会議をロサンゼルスで開催しました。ところが非民主主義国のキューバ、ベネズエラ、ニカラグアを参加国から排除したため、反発したメキシコ、ホンジュラス、ボリビアなど左派首脳らは会議をボイコットしたのです。

参加した国も3分の1が開会式を欠席しました。中国の影響拡大を阻もうとした結果、逆に地域の盟主としての面目が丸つぶれになった格好です。

2023年にアルゼンチン大統領に就任したハビエル・ミレイ氏も、就任前は中国政府を「殺人集団」などと強く批判していましたが、いざ就任すると「債務危機を乗り越えるため、中国に支援を求める」などと言いだしています。

石田　もう南米は、ほぼ反米になっています。アメリカは放置させざるを得ない気がします。そこにつけ込むのが中国、という構図です。中東も同じような状況です。バイデン政権のもと、気づいたらグローバルサウスの多くが反米になっていた。もとは親米だった国がアメリカとの距離をどんどん拡大し、そこに中国が入り込んできたのです。

宇山　そもそも中南米諸国は、昔から「アメリカに搾取されてきた」という感覚が強くあります。中南米諸国はいずれもこの15年間で大きく経済成長しました。ところがその果実を得ているのは、例外なく欧米資本とくっついている人たちです。土着の人間だけで上に上がれる社会構造ではなく、欧米資本のもとで成長の果実を得た一部の人だけが大金持ちになる。

このことに対する不平不満や反発が、圧倒的大多数を占める庶民の間でものすごく広がっている。そこから「親米政権を倒せ！」「親米企業家たちを潰せ！」といった動きが生まれ、この5年ほどで南米諸国のほとんどが左派政権に変わってしまった。例外はアルゼンチンのミレイ大統領ぐらいです。

あとは完全に反欧米で、代わりに中国やロシアを引き入れている。とくにベネズエラは、ロシアを引き入れる代表格になっています。

では中国やロシアを引き入れて経済の再配分がうまく進み、格差がなくなったかというとまったくそうなっていません。アメリカ資本に代わって中国資本が入ってきて、中国人や中国人とうまくつきあっている人たちが、儲かる構造になっただけです。

石田　あるいはアメリカからロシアに代わっただけ。

宇山　それらに対する不平不満が鬱積し、今後は揺り戻しが起こるとも言われています。

石田　中南米の国々が真の経済成長を遂げるには何が必要でしょうか？

宇山　政治の腐敗を是正させること。これが決定的に大事です。

石田　政治の腐敗をなくすには何が必要でしょう？

宇山　まずは政権がマフィアと手を切る。２０２４年のメキシコ大統領選挙では、クラウディア・シェインバウム氏がメキシコ初の女性大統領に当選して話題となりました。同時に議会の選挙と8つの州の知事選挙、首都メキシコシティの市長選挙をはじめ１８００を超える自治体の首長選挙などが一斉に行われました。

こうした中、選挙に立候補する人が次々と殺されました。候補者と立候補予定者だけであわせて30人以上が殺害され、親族や選挙関係者も含めると２００人以上が殺害されたとされます。マフィアに対抗するようなこと、腐敗や汚職に対抗するようなことを言うと翌日には、死体になるのです。簡単ではないのですが。

それから「法を遵守する」というモラルを持つということです。中南米の指導者たちは選挙で選ばれたとはいえ、独裁的な強権支配を行っています。中東の指導者も独裁的ですが、彼らと比べると南米の独裁者のほうが腐敗がひどい。

もちろん中東にも腐敗はあります。サウジアラビアの王族なんて腐敗だらけです。とはいえ、ある程度は国民に豊かになってもらおうと、分配のことも考えている。人口規模で見ると中南米には、中東と変わらない国もたくさんあります。にもかかわらず経済発展できないのは、分配せず指導者側が全部かきこむように利権をむさぼっているからです。

石田　話を聞くと腐敗や治安という点で、中南米のほうがアフリカより深刻な気がします。まだアフリカのほうが、まともなのではないかと思ってしまいます。

宇山　そういう部分は多分にあると思います。

5年で犯罪率が劇的に下がったコロンビア

石田　南米には中東とつながる動きも出ています。たとえばベネズエラとサウジアラビアです。2024年にBRICS加盟国になった両国は、前年に行われた首脳会談でサウジアラビアがベネズエラに投資するといった話が出ました。今後サウジアラビアがベネズエラの油田に巨額の投資を行ったり、ノウハウを提供するかもしれません。

ベネズエラは世界有数の産油国ですが、石油で稼いだお金を国民に分配する構造になっていません。アメリカはベネズエラに経済制裁をかけていますが、その一方、米メジャーのシェブロンが水面下でベネズエラの石油を採掘・売買することを認めています。おいしいところは、しっかりアメリカが取っているのです。

サウジアラビアが資金やノウハウを提供し、アメリカの技術なしでも採掘や精製ができるようになれば、ベネズエラももう少し経済発展できるように思います。

宇山　同じことをロシアもやろうとしています。そうなればベネズエラは大きく変わる可能性があります。もともとベネズエラは、南米の最優秀国として発展していました。ところが１９９９年にウゴ・チャベス大統領が誕生し、社会主義政権を強引に進める中、国の経済を崩壊させてしまった。

さらにチャベス大統領の愛弟子で副大統領だったニコラス・マドゥロ氏が２０１３年に新大統領になると、いっそう独裁化を進めます。それがあまりに非人道的ということでアメリカから制裁を受けるのです。２０２４年のベネズエラ大統領選でマドゥロ大統領の

「勝利」に疑念が持たれている中、8月現在、マドゥロ氏に反対するデモが大規模化し、荒れた状況です。

それでもポテンシャルが高いことは確かで、石油埋蔵量が世界一であるだけでなく、農業大国でもあります。国民が農業をしていた頃は豊かだったのに、石油だけに切り換えて農業をやめたことで、急激に貧しくなるのです。中東やＢＲＩＣＳ諸国が協力してこれをもう一度復活させれば、状況は劇的に変わります。

たとえばコロンビアは、この５年ほどで劇的に犯罪率が下がりました。５年前のコロンビアなら、私もとても行けませんでした。いまは多少の危険はありますが、普通に歩けるし、外で買い物もできます。それぐらい治安が改善したのだから、ベネズエラだって変われます。

石田　コロンビアは誰がどうやって変えたのですか？

宇山　いまはペトロ大統領の左派政党ですが、その前のファン・マヌエル・サントス大統領が保守政権で、マフィアやゲリラに対する徹底した強硬作戦をとったのです。軍を投入してマフィアが巣くっていた市街地のエリアで掃討作戦を展開するなど、時の政権が勇気を持って戦った。有権者もそれを支えた。

ただしメキシコでは同じことができていません。政策がギャングに左右されるメキシコの人口は約1億3000万人で、日本とほぼ同じです。しかもアメリカと国境を接するなど、地政学的な優位性もあります。にもかかわらず伸びないのは、ひとえに政治の腐敗の問題です。

世界で唯一、日本男性がモテるのが南米

石田　話を伺うにつけ、やはりアフリカより中南米のほうが危ない気がします。

宇山　凶悪犯は多いでしょう。メキシコシティ北部にあるテピートというマフィアの巣窟地帯に行ったことがあります。迷い込むと生きて帰れない危険な場所もたくさんあり、調べると「ここで死体が転がっていた」「ここで首が転がっていた」などといった情報がゴロゴロ出てきます。それらをもとにグーグルマップを見ながら危険地区を避けて行きました。

石田　戦場より危ないのではないですか……。そんなところでビジネスなどできるのですか。

宇山　とはいえ、みかじめ料を払えば大丈夫です。商売するときは、それこそ牛丼屋などを開くときも必ず、マフィアにみかじめ料を払います。地域の議員にも払う。どの国でもそうです。暗黙のルールがあり、そこさえちゃんとすれば、逆にマフィアが守ってくれます。かえって誰も乗り込んでこないので安全です。

石田　やはり中南米は別格ですね。

宇山　異世界感がすごい。だから世界で一番面白いのは中南米です。しかも親日です。中東でも日本人はよく声をかけられますが、中南米も同じです。

石田　ブラジルは、とくに親日と言いますね。日本とのつながりも深いです。

宇山　コロンビアやエクアドルもそうです。とくにペルーは日系2世のアルベルト・フジモリ大統領も出しているので、「日本人ですか?」としょっちゅう声がかかります。

石田　ペルーは行ってみたいですね。

宇山　歴史もあり、インカ帝国時代の空中都市マチュピチュの遺跡もあります。アマゾンのジャングルなどの豊かな自然もあります。インターネットでよく「美しい南米女性に、なぜか日本男性がモテる」などと書かれていますね。あれは本当で、世界で唯一、日本男性がモテる地域ではないでしょうか(笑)。それぐらい親日なのです。

石田　日本女性と結婚する南米男性より、日本男性と結婚する南米女性のほうが多いのですか？

宇山　そうです。欧米だと日本女性が白人男性と結婚したり、つきあったりするケースはよくあります。でも日本男性が白人女性と結婚するケースは、あまりありません。日本男性の国際結婚というと、お相手のメインはアジア系女性になります。中国、タイ、フィリピンがほとんどで、白人女性から日本男性は人気がありません。理由はわかりませんが、文化の違いや容貌の好みの違いがあるのかもしれません。ところが南米女性だけは別なのです。日本男性は大歓迎で、日本に興味を持ってあれこれ聞いてきます。なかには詐欺師もいますが（笑）。

石田　結婚詐偽ですか？

宇山　それもあるし、ビジネス的な詐偽もあります。下手をするとすぐに殺されるので要注意ではありますが。とにかく、人の命が日本ほどは重くないのです。

第8章

ＢＲＩＣＳに接近する東南アジアは何を考えているか

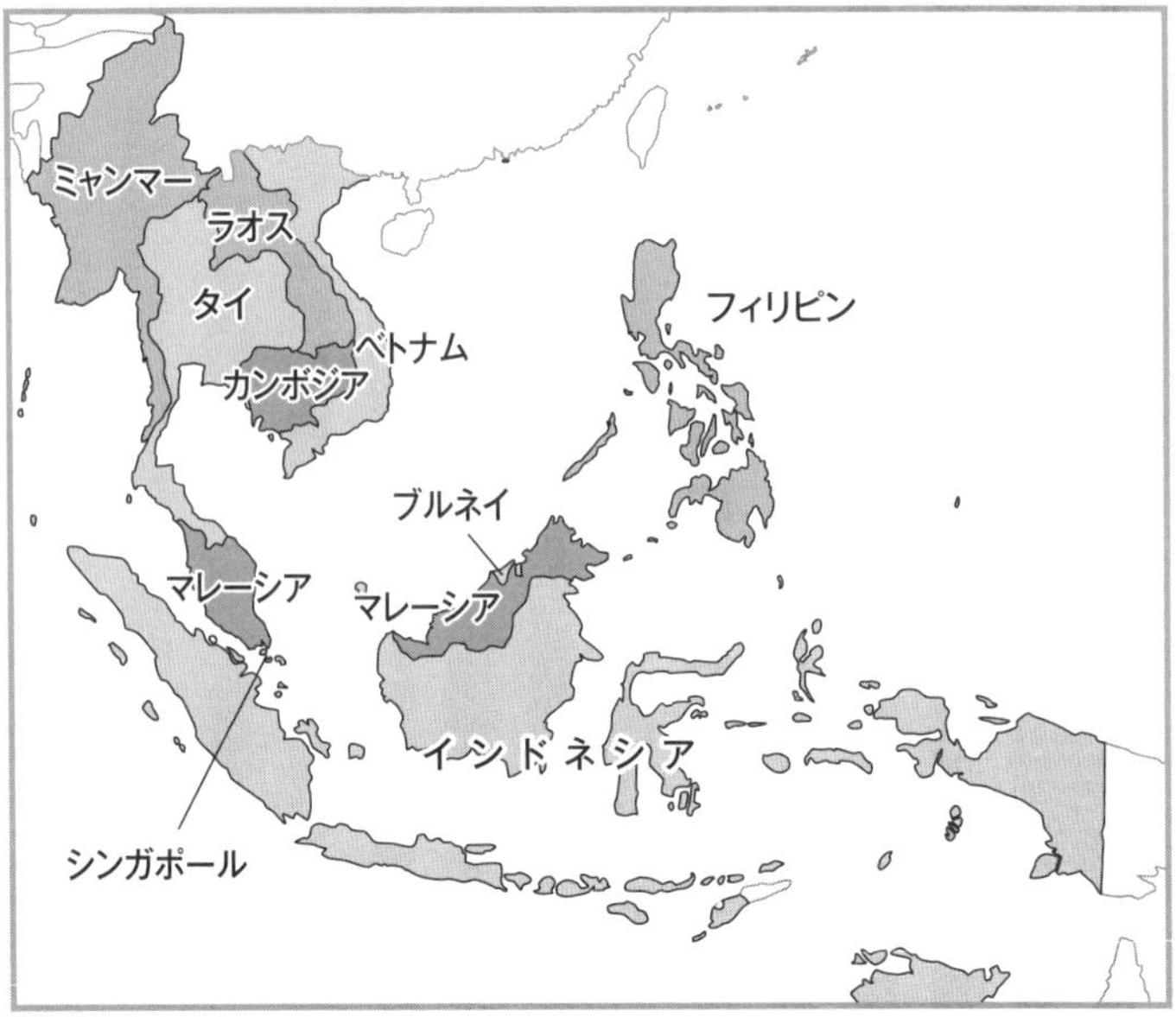
ミャンマー
ラオス
タイ
ベトナム
カンボジア
フィリピン
ブルネイ
マレーシア
マレーシア
インドネシア
シンガポール

東南アジアへの影響力を失っている日本

宇山　さて、ここまでインドから始まって、中東、アフリカ、南米と、今後の成長が期待されるグローバルサウスの国々を見てきました。最後に日本から最も近い、東南アジアの国々を見ていきたいと思います。

大事な視点は、これまでの過度な中国依存から抜けだすうえで、東南アジアは重要な存在だということです。これまで日本企業は、中国に拠点を集中させ、中国べったりのサプライチェーンをつくってきました。

これは日本にとって大きなリスクになっています。ここから脱するには中国以外の国や地域に生産拠点をつくり、リスクを分散させる「チャイナ+ワン」が必要です。ここで大きく浮上してくるのが、東南アジアです。

石田　東南アジア諸国の魅力の一つは、人口の多さです。加えて、若年層がぶ厚く、豊富な労働力があることも魅力です。資源も豊富で、旺盛な購買力を持ち、全体に治安もいい。インフラも、近年かなり整備されています。

宇山　地政学的な要衝でもあります。中国、インド、オーストラリアの結節点であるうえ、中東へのルートにもなっています。物流のハブでもあり、この点も見逃せません。

石田　もう50年以上前から日本企業は東南アジアに進出しています。ところが現在、日本企業の存在感は薄れつつある。これは大きなきっかけがあったというより、日本に対する失望が徐々に大きくなっていった結果だと思います。日本が成長していないから、見限られはじめているのです。

東南アジアに限らず、一緒に金儲けしようと思ったら、成長している国とくっつこうと考えます。このとき東南アジア各国の選択肢として、日本が外されはじめたのです。

とくに現在の日本はアメリカ一辺倒で、他の国々とうまくつきあっていません。そうした日本のありさまも、東南アジア諸国の日本観に影響していると思います。

宇山　私も同じ危惧を抱いています。東南アジアは、日本にとって一番近い地域です。どう連携するかを真剣に考えねばならないはずが、現実には東南アジアを後回しにしています。

石田　日本政府はG7べったりです。政治家に白人コンプレックスでもあるのかと疑いたくなります。日本はアジアの一角として、もっとアジアと協調しないとダメです。

いまでも東南アジアの人たちには、いろいろな技術を日本人から教わりたい気持ちがあります。いいものがあるなら、それを自分たちでつくれるようになりたいと。

宇山　いま東南アジアは、日本をリーダーのように見てくれていると思いますか？

石田　そうした気持ちは、まだ残っているように思います。とはいえ第1章でも述べたように、2024年にマレーシアはBRICSに加盟する意向を示しています。ブラジル、ロシア、インド、中国について行けば、おいしい思いができると思っているのです。

タイやマレーシアは、東南アジア諸国にとってスターのような存在です。シンガポールも含めて、彼らがベトナムやラオスなど他の国を引っ張ってきました。タイとマレーシアのBRICS加盟への動きは、他の東南アジア諸国をBRICSの方向に走らせるように思います。

マレーシアは、かつてマハティール首相の時代に「ルック・イースト」政策を取り、日本を見習おうとしてきました。それがいまや「ルック・ブリックス」になりそうです。

ミャンマーが魅力的な理由

宇山　そうした中、日本は東南アジア諸国とどのようにつきあっていけばいいか。ここから各国について見ていきたいと思います。私が東南アジアの中で、とくに注目しているのがミャンマーです。

東南アジア諸国を回る中で感じるのが、ミャンマーにはとりわけ優秀な人材が多いということです。ミャンマーは東南アジアの中で、カンボジアに次ぐ貧しい国です。軍事政権のもと、政局も不安定です。それでもミャンマーという国自体には、教育を重要視するところがあります。貧しい国だからこそ貧しさから脱却するため、教育を重視しているのです。

しかも礼儀正しい人たちが数多くいます。彼らは実直で、素朴でもあります。開発がまだ進んでいないこともあり、昔ながらのよい人柄を残しています。しかも教育がよく行き届いているので、質の高い労働者が多くいます。

逆にミャンマーの隣りのタイは、経済成長したこともあり、変にスレています。金銭的にも、ルーズなところがあります。

タイは、ミャンマーよりずっと豊かです。もともと土地が肥えているので、年中、作物が育ちます。食糧があまりに豊富で、飢える心配がないため、勤勉に働く習慣がほとんどありません。

だから日本企業がタイに進出したとき、トラブルが起こりやすい。進出した日本企業の社員から、「どうして言われたことができないのか」「約束を守れないのか」「すぐに手抜きをするのか」といったグチも、よく聞きます。

そう考えたとき、貧しさゆえに教育も行き届き、礼儀正しく、素朴でもあるミャンマーは、日本企業向きだと思います。

石田 ただミャンマーも、中国依存を強めています。中国は東南アジア進出を着々と果たし、ミャンマーへの進出もその一環です。中国は雲南省とミャンマーを結ぶ物流ルートの形成を図るため、ミャンマーから石油のパイプラインを本国まで敷設しようとしています。ミャンマーからの石油パイプラインが完成すれば、動乱時にマラッカ海峡を経ずして石油を確保できるからです。

宇山 それでもタイよりは、ポテンシャルが高いと思います。私は２０２０年のコロナ禍が始まった頃、タイに半年ほど滞在しました。ミャンマーのパガン遺跡に取材旅行に出かけたときです。

ミャンマーでロックダウンが始まろうとしたので、慌ててタイに移動したのです。ミャンマーは病気にかかっても簡単には病院に行けないし、食糧事情や買い物事情もかなり悪い。閉じ込められたら、悲惨です。そしてタイへ避難した瞬間、タイでロックダウンが始まり、出国できなくなったのです。

滞在中に気づいたのは、タイの経済成長が頭打ちになっていることです。首都バンコクの不動産価格を見てもわかります。10年以上前は値上がりしていたのに、この10年間、坪単価が200万円程度で、ほとんど変わっていません。

タイは高度経済成長をしきってしまったところがあり、これから先、新たな経済成長があるか疑問です。

またタイ経済は、華僑が牛耳る、華僑経済になっています。なかでも最大の存在が、財閥CPグループ（チャーンポーカパングループ）です。CPグループを率いるのは、中国広東省潮州系タイ人の謝家（チエンワノン家）です。

CPグループは農業、食糧分野を軸に8つの分野に事業を広げ、タイ経済を牛耳ってきました。タイで「セブン‐イレブン」を運営しているのも、ＣＰグループです。さらにタイの大手通信事業者トゥルー・コーポレーションを傘下に組み入れて、タイ最大のコングロマリットにもなっています。

石田　ＣＰグループの巨大化は、国内で反発も生んでいます。２０１５年には「ＣＰグループがタイの富を独占している」との反発が強まり、ＣＰグループが運営している「セブン‐イレブン」に対する不買運動も起きています。

電気・電子産業で競争力を持つマレーシア、独立外交路線を歩むインドネシア

宇山　タイの話が出たところで、マレーシアにも少し触れたいと思います。タイと並んで東南アジアを牽引してきたマレーシアですが、マレーシアのほうが、まだまだ伸び代があるように思います。

マレーシアは電気・電子産業で高い競争力を持っています。２０２１年には、半導体の輸出は世界第6位に位置しています。

マレーシアにおける電気・電子産業の歴史は古く、50年以上もあります。50年以上にわ

たって構築された、包括的な蓄積が非常に大きいのです。半導体には前工程と後工程がありますが、マレーシアのペナン州には300社以上の多国籍企業が存在し、前工程から後工程まで全行程の生産を担っています。

これは半導体のバリューチェーンのいずれにおいても、マレーシア国内で供給が可能であることを意味します。マレーシアには学力や技術面で優秀な人材プールがあり、これも大きな強みです。

石田　マレーシアに隣接する、インドネシアはどうですか。

宇山　タイの競合国です。世界最大級のニッケル生産国で、EVバッテリーに重要な原料を供給することで、EV産業の重要な一角を担っています。自動車の生産も、タイに匹敵するほど増加しています。EV比率を2025年に20パーセントに引き上げることを目指しています。

石田　タイ、マレーシアなどとともに、グローバルサウスの盟主の一つとも言われます。

宇山　ただインドネシアは同じASEANでもタイやマレーシアと違い、BRICSに加盟しないと思います。インドネシアが、もともと独自外交の国ですから。

2023年にインドネシアのジョコ・ウィドド大統領が、ケニア、タンザニア、モザンビーク、南アフリカを歴訪したときです。彼は「バンドン精神こそ、私がアフリカに携えてきたものである」と語っています。

バンドン精神とは、1955年にインドネシアのバンドンで開かれたアジア・アフリカ会議で示された精神です。アジア・アフリカの新興独立国29カ国が集まったこの会議では、「自主独立・平等互恵」がうたわれ、これがバンドン精神の一つの柱となっています。バンドン会議を成功に導いたインドネシアは、「新興独立国の雄」として地位を確立させました。

石田　バンドン会議では、「非同盟運動」の精神も確認されています。

宇山　非同盟運動は、バンドン会議の前年の1954年にインドのネルー首相が提唱した、「東西いずれの陣営にも公式には加盟しない」という精神です。バンドン会議では、これが「平和10原則」として採択されています。

この精神から「第三世界」という、東西いずれの陣営にも属さない立場が生まれていくのです。

石田　インドネシアのスカルノ大統領は、中国の周恩来首相、インドのジャワハルラール・ネルー首相、エジプトのガマール・アブドゥル＝ナセル大統領、ユーゴスラビアのヨシップ・ブロズ・チトー大統領と連携し、第三世界のリーダーにもなっていました。

宇山　インドネシアはバンドン会議を経ての自主独立外交の精神を持ち、BRICSに加盟しないのです。先のジョコ・ウィドド大統領のアフリカ歴訪では、最後に訪れた南アフリカでのBRICS首脳会議に招かれています。

その会議の席でインドネシアは新規加盟国の候補に推薦されましたが、ジョコ大統領は加盟の方向には動きませんでした。

石田　インドネシアがBRICSに加盟しないのは、ほかにも思惑がありそうです。

宇山　BRICSに加盟すれば、西側諸国から中国・ロシア寄りに見なされる危険があります。逆にいえばインドネシアは、BRICSが西側先進国の代替にまではならないと見ているのです。

そもそもインドネシアは、グローバルサウスがノース（先進国）と対抗してはならないと考えているようです。それよりもインドネシアがノースとグローバルサウスの間に立ち、橋渡しをすることで自らの国力を向上させたいと考えているのです。

またBRICSに加盟することで、中国の影響力がインドネシアに拡大することも恐れているように思います。

石田　インドネシアは、着々と先進国への階段を登っているようにも見えます。2004年には、インドネシア史上初の国民による直接選挙がありました。これにより誕生したスシロ・バンバン・ユドヨノ大統領は自主独立路線を継承し、彼の時代にインドネシアは東南アジアで唯一のG20のメンバーに選ばれました。

宇山　2023年7月には、OECD（経済協力開発機構）への加盟も申請しています。OECDは日米欧など38カ国が加盟する、先進国クラブのようなものです。現在アジアからの加盟国は、日本と韓国のみです。インドネシアの加盟が実現すればアジアで3番目、東南アジアでは初のOECD加盟国になります。

シンガポールを潤わせる政府系ファンド

宇山　続いてシンガポールに移りたいと思います。シンガポールは東京23区ほどの面積しかない小さな都市国家ですが、1人あたりのGDPはASEAN随一です。

石田　シンガポールの特徴の一つは、政府系ファンドの大きさです。シンガポールと香港は、政府系ファンドを運営している国です。政府系ファンドというと、産油国が石油で儲けたお金で運営するものと思われがちです。

シンガポールと香港には、石油がありません。それでも政府系ファンドを運営できるのは、貿易で稼いでいるからです。これをもとに外貨準備金を手にし、ビジネスに投資できる環境をつくっていったのです。

シンガポールで政府系ファンドをつくったのは、リー・クアンユー初代首相です。テマセク（旧テマセク・ホールディングス）が有名で、シンガポールの基幹産業の株をすべて持っています。

残り半分の保有株は、海外の有力企業のものです。シンガポールは政府系ファンドを海外で運用することにより、世界のいろいろなものに影響力を持とうともしています。

宇山　シンガポールは政府系ファンドを積極的に運用し、得られた利益を国民に還元しようとしています。政府系ファンドの運用が年金となり、その年金によって国民は一生で家を2軒建てられると、当時のリー・クアンユー首相は言っています。

石田　それほど政府系ファンドへの期待は大きいのです。シンガボールは国家自体が、一つの企業なのです。そして政府には、日本で見られるような「政治屋」がいません。2

代目、3代目といった政治屋は、バランスシート一つ読めません。それで国家経営などできるわけないのです。

財務省が「財務真理教」と言われるのは、プライマリーバランス（基礎的財政収支）をゼロにすることにこだわるからです。プライマリーバランスがゼロとは、税収という「収入」から、国家運営の費用という「支出」を引いて残る部分をゼロにすることです。

そこには「資金調達をして投資をする」というバランスシート的な感覚がありません。収入と費用だけで物事を考えるのは、子どものお小遣い帳や大福帳の世界です。

そんなことばかり追求している国が、成長できるわけないのです。シンガポールや香港がやってきたのは、資金調達と投資です。バランスシート的な感覚を持った、「企業経営」という概念で国家を運営してきました。バランスシート感覚を持ったリーダーが国家の運営をしなければ、日本の成長は望めません。

宇山　そもそもいまの日本では「政府系ファンド」という発想が出ないと思います。

石田　シンガポールが企業のようであるのは、彼らの生き残り戦略です。シンガポールは淡路島くらいの小さな国で、水すらマレーシアからパイプラインで輸入しています。マレーシアとの関係が悪化すれば、もう水すら入ってこない。だから生き残るための戦略が欠かせません。海外企業の株式を多数保有するのは、生き残り戦略でもあるのです。

宇山　シンガポールの強みの一つに、シンガポールがマラッカ海峡の先端に位置していることがあります。マラッカ海峡には数多くの船が通過するので、ドバイと同じ、貿易ハブという立ち位置にあります。

世界から集まった物資を一度シンガポールに降ろし、シンガポールから小さな船に積み替えてベトナムやマレーシアなどに運んでいく。このような貿易ハブによっても、シンガポールは経済基盤を確立させました。

石田　シンガポールの手法は、すべての国が真似できるものではありませんが、一つの経済成長モデルにもなっています。ドバイは「シンガポールの中東版」と言われるように、シンガポールをモデルにしています。

同じＵＡＥのアブダビも、やはりシンガポールをモデルにしています。アブダビは２０２２年にイギリスのスタンダードチャータード銀行を買収しようとしました。スタンダードチャータード銀行はイギリスの銀行ながら、香港ドルの発券銀行でもあります。

そのスタンダードチャータード銀行をまるごと買収しようとしたのは、「アジア経済に大きな影響力を持ちたい」というアブダビの意志の表れです。世界に影響力のあるものを確実に抑えてきたのが、シンガポールの手法です。ドバイやアブダビも、これに倣っているのです。

〝川上村のレタス〟を栽培するベトナムのダラット高原

宇山 次にベトナムについて見ていきます。ベトナムは自らをグローバルサウスの一員と見なしていません。政治的には共産体制ですが、外交的には多元外交です。

ベトナムは中国と、南シナ海の島嶼《とうしょ》の領有を巡ってしばしば対立しています。その一方、経済的には連携を求めています。そんな中国との微妙な関係により、外交が多元化していったのです。近年の中国経済の停滞は、ベトナムの多元外交をさらに進めさせています。

ベトナムの多元外交には、ベトナム戦争における旧敵アメリカへの接近もあります。一方でロシアとも近しい関係をつくろうとしています。２００１年にはロシアと戦略的パートナーシップを結びました。ベトナムはウクライナ戦争でもロシアを非難しない姿勢を取りつづけています。

ベトナムの包括的戦略的パートナーは、２０２０年までロシア、中国、インドの３カ国のみでした。それが２０２２年に韓国、２０２３年にアメリカ、日本ともパートナーシップを結んでいます。

石田　産業では、マレーシアと同じく電子産業が強いです。

宇山　輸出の３割が、電子産業です。半導体産業の後工程で重要な役割を担っていて、半導体製造に不可欠のレアアースの埋蔵量は世界第2位です。

石田　ベトナムについては、一つ面白い話があります。コロナ禍が始まる頃の話で、私の知り合いに、世界銀行を辞めて農業に転向した人がいます。なぜ農業かというと、長野県川上村のレタスが大好きで、自分でもうまいレタスを栽培したくなったのです。

彼は川上村と同じシャキシャキして大きいレタスがつくれる国はないかと探し歩いた結果、ベトナムのダラット高原に行きついたのです。ダラット高原は観光地ですが、ホーチミンからクルマで5時間くらいかかる、けっこう行きづらい場所です。そのダラット高原の標高や気候、土などの環境などが、全部ひっくるめて川上村そっくりなのです。

ベトナムでは、農業技術が日本ほど発達していません。だから立派な野菜がつくれず、店で売っているレタスも小さく、しなびたものしかない。そんな国でレタス栽培に適した地を発見したのです。
彼はダラット高原なら川上村と同じ高品質のレタスを栽培できるのではないかと考え、川上村まで赴き、川上村の村長を説得しました。そして、川上村の人たちはダラット高原の視察に出向いて、可能性を見たのでしょう。レタス栽培の指導員を派遣し、地元の農民と一緒にレタスづくりを始めたのです。
私も一度、彼に呼ばれてダラット高原に行きました。素晴らしい品質のレタスでした。ホーチミンのイオンモールでも売られていて、「メイド・イン・ジャパン」のレタスと変わらないレベルです。立派な「メイド・イン・ベトナム」のレタスができたのです。
宇山　ダラット高原のレタスに限らず、ベトナムの農業技術は少しずつ上がってきています。
石田　そこには日本との関係もあり、政府の力というより民間レベルの力によるものが大きいです。これから先も民間同士の協力により、新たなビジネスが生まれてくると思います。
宇山　ベトナムや東南アジアには日本人の技術を求めている人たちが多くいて、日本にも東南アジアで貢献したい人たちがいます。

石田　そこは、やはりアジア人同士です。アフリカやアラブの人たちよりもアジアの人たちとのほうが協調しやすく、ビジネスもやりやすい。そういう下地がベトナムや東南アジアにはあります。

●フン・マネット首相就任でも、カンボジアの中国寄り外交は変わらない

宇山　最後に、カンボジアにも軽く触れたいと思います。人口1600万人余りのカンボジアは貧しい国と思われがちですが、この二十数年間で素晴らしい経済成長を遂げています。1998年から2019年までの経済成長率は、年平均で7・7パーセントです。近年も平均5パーセント程度の経済成長を続けています。

カンボジアの首都プノンペンの不動産価格も伸びています。とはいえ一等地でも坪単価100万円前後なので、相当な割安感があります。投資の伸び代が、まだまだあります。

カンボジアは王政ですが、40年近くにわたって実権を握ってきたのはフン・セン首相です。与党である人民党の党首で、カンボジアでは人民党が国家機関の人事も握っています。実質的に国の最高権力機関となっているのが、人民党です。

石田　２０２３年の総選挙も、人民党の圧勝でした。１２５議席中、１２０議席を獲得しています。ただ圧勝の直後、フン・セン首相は突然、辞職しました。そして長男で、陸軍司令官を務めていたフン・マネット氏に後を継がせました。

またフン・マネット氏の首相就任に際し、警察を握る内務相や国防相なども、前任者の子どもがそのまま親の後を継いでいます。いわば〝集団世襲〟です。

宇山　一方でフン・セン氏は人民党の党首にはとどまりつづけ、新たに上院議長にも就任しています。これら一連の動きは、欧米との関係改善を期待してのものでしょう。これまでカンボジアは国内の人権問題を巡り、欧米から制裁を受けてきました。それもあってカンボジアは中国寄りの外交に終始し、経済的に中国に依存してきました。

ただ新首相のフン・マネット氏は、欧米の大学で学んだ経歴があり、欧米から父のフン・セン氏とは違う人物とも期待されています。そこからカンボジアでは、海外からの投資を呼び込む戦略を始めようとしているのではないでしょうか。

当面は、中国寄りの外交を続けると思います。総選挙のあった２０２３年８月には中国の王毅外相がカンボジアを訪問し、フン・セン氏やフン・マネット氏と会談しています。９月にはフン・マネット氏が首相就任後初めて中国を訪れ、首都・北京で習近平国家主席と会談し、両国の関係強化を図っています。

石田 そのあたりも含めて、今後の動向を見ていく必要がありますね。

宇山 先般、プノンペンである経営者の会の皆さんが主催する経済視察に参加してきました。今や、プノンペンは中国人だらけ、中国語表記だらけ。これは昔からですが、華僑たちが政治・経済を握っています。

ＩＲカジノをも視察しました。プノンペンのカジノは中国資本の主導で、主に中国人のために創られたものです。カンボジア人が、ふんぞり返った中国人にかしずいて、カンボジア人が食べ物や飲み物を運び、掃除をします。現地人はまるで奴隷の如く使われています。カネがモノを言う世界。10年前にカンボジアに行った時もすでにこうした中国の金権外圧の影響は顕著でした。日本人が中国人の奴隷になる日がないように、よく考え、手を打たなければなりません。

石田 また、カンボジアもそうだと思いますが、東南アジアでは決済のデジタル化も著しく普及していますね。急速なキャッシュレス化が進み、現金を受け付けないというお店や交通機関、サービスが急増しています。

宇山 はい、電子決済システムが行き渡っています。会計を電子化することで、それに掛かる人的な労力をカットする経営方針が徹底されているのです。旅行者は面倒な両替などを気にせず、各国の通貨を持っていなくとも、支払いに困ることはありません。

また、ASEAN諸国では、脱税やごまかしが横行しています。それを防ぐためにも、各国の行政は電子化を推奨し、事業所のシステム導入に助成金を積極的に出しています。

石田　ASEAN諸国のような途上国にシステムが幅広く導入されているのを見れば、日本人は驚きますし、この点、我々が効率化で見倣うべきところは多いのです。多くの飲食店では、自分でQRコードを携帯に読み込ませ、電子メニューでオーダーします。店員がオーダーを取るということはありません。交通系ICカードやカード決済のみで、電車やバスなどの公共交通機関の支払いをします。徹底的な人的なコストの削減で、インフレの中でも、できるだけ価格を抑え、乗り切ろうとする経営努力がなされています。

第9章

中東危機がグローバルサウスに与える影響

アメリカのプレゼンスが失われる中で起きたイスラエル・ハマス戦争

宇山　さて第8章まで、グローバルサウスの中でも、とりわけ興味深い国々を地域別に見てきました。ここからは、そんなグローバルサウスの国々と西側諸国との対立の今後を読み解いていきたいと思います。

中東でイスラエルとパレスチナの武装勢力ハマスによる戦争が、2023年10月7日に始まりました。

この戦争はイスラエルとパレスチナだけでなく、周辺国にもさまざまな危機をもたらしています。中東は俄然、危険度を高めていますが、この動きは世界の潮流を考えれば、ある意味必然の出来事です。

その理由の一つは、2021年にアメリカ軍がアフガニスタンから撤退したことです。これによりアメリカの中東における軍事プレゼンスが大きく低下しました。

それまでイスラエルは、周囲を敵対国に囲まれながらも、アメリカの強いプレゼンスを頼りに自分たちの生存圏を維持してきました。その力が目に見えて失われていく状況にあるわけです。

アフガニスタン撤退はバイデン政権下の出来事ですが、これはバイデン政権だけの責任ではありません。トランプ政権時代からアメリカは、世界の警察をやめる流れになっていました。

石田　最初に「世界の警察をやめる」と言いだしたのは、さらに前のバラク・オバマ政権です。

宇山　そうした流れの中で、一番焦っていたのはイスラエルだったと思います。アメリカの撤退で周りのアラブ諸国からの圧迫が強まり、いずれ窒息死しかねない。何らかの手を打つ必要があり、とくに保守派たちはそのための機会をうかがっていたと思います。

そうした中でハマスが、イスラエルに奇襲攻撃をかけた。これを材料に、いっきにパレスチナ自治区ガザへの軍事作戦を開始したわけです。さらにはハマスのバックにいるイランへの攻撃も仕掛けました。

イランへの攻撃も、イスラエルからすれば必然です。イスラエルを敵視するハマスだけでなく、親イラン武装組織ヒズボラやイエメンの反政府組織フーシ派も、裏にいるのはイランです。

石田　そこでイスラエルが考えたのが「オクトパス・ドクトリン」です。「タコと戦うには足だけでなく、頭を攻撃すべき」というイスラエル政府の戦略です。

それを実行するには、さまざまな仕掛けでイランを引っ張りださなければならない。そしてイランとの戦争には、アメリカも引っ張りだしたい。イスラエル・ハマス戦争については、こうした大きな捉え方をする必要があると思います。

宇山　ではオクトパス・ドクトリンを唱えるイスラエル過激派とは、どのような人たちか。

石田　ベザレル・スモトリッチ財務大臣、イタマル・ベン-グヴィル国家安全保障大臣、ヤリブ・レビン法務大臣です。彼らはいずれも過激派のシオニストで、ネタニヤフ首相をコントロールしています。

過激派シオニストたちは「グレーター・イスラエル」を本気で考えています。パレスチナからアラブ人を追い出し、自分たちの大きなイスラエルをつくるというものです。

それには大きな戦争を起こす必要があり、そのための正当な理由が欲しかった。それが10月7日なのです。ハマスがこれまでにない大規模越境奇襲攻撃を仕掛け、たくさんのイスラエル人が殺害され、拉致された。

これに対する報復ならば、正当な理由になります。日本のメディアも、当初はそのように報じました。ただハマスが攻撃を仕掛けることは、イスラエルの諜報機関モサドも知ってましたよね。

宇山　世界有数の諜報機関ですから、知らなかったはずありません。知っていて、ハマスをこの戦争に導くために動かしたのです。もちろんモサドはいっさい証拠を残していないでしょうが、節目節目を見ていくとそう考えざるを得ません。

あの10月7日のハマス攻撃には、大規模な準備が必要だったでしょう。ロケット弾や燃料をはじめとする物資の供給、連絡・通信の増加、部隊・車両の移動、「それらのすべてが見逃されていた」と言われて、「あーそうですか」と信じる人はいない。

いかに、ガザ地区が複雑に入り組んでいようとも、衛星で見ればすぐにわかります。いかに、イスラエル内部で情報分断があろうとも、生死を分ける偵察斥候情報が上がっていなかったということはあり得ない。彼らお得意の裏工作を疑うべきでしょう。

加えて、まだ明らかになっていない根本的疑問があります。10月7日の攻撃で、ハマスの要員の何人がフェンス・境界線を超えたのか、ハマスの誰がこの越境作戦の責任者で、なぜ、このような作戦を実施したのか、イスラエルから、ボコボコにされる可能性がありながら、なぜ、このような作戦を実施したのか、なぜ、ハマスはこのような無謀な越境作戦が成功すると考えたのか、越境したハマスの要員は全員、ガザに戻ったのか、イスラエル領に潜伏していないのか、などです。

極右政党「宗教シオニズム」「ユダヤの力」とは

石田　イスラエル・ハマス戦争の背景には、イスラエルの極右政党「宗教シオニズム」と「ユダヤの力」の台頭があります。「宗教シオニズム」はスモトリッチ財務大臣が率いる党、「ユダヤの力」はベン-グヴィル安保大臣が率いる党で、いずれも2022年の総選挙で議席を倍増させました。

その結果、第6次ネタニヤフ内閣では「宗教シオニズム」と「ユダヤの力」からスモトリッチ財務大臣とベン-グヴィル安保大臣を含め、それぞれ3人の閣僚を出すことになりました。では「宗教シオニズム」や「ユダヤの力」を支持しているのは、どのような人たちなのか。

宇山　第3次中東戦争でイスラエルがヨルダン川西岸を占領した1967年以降、この地域ではイスラエル人の入植がどんどん進みました。いまではここで暮らすパレスチナ人約３００万人に対し、70万人以上のユダヤ人が住んでいます。

石田　国際法上、イスラエル人の入植は明らかに違法です。

宇山　とはいえ、ここで暮らすイスラエル人は第2世代、第3世代に広がっています。ここで生まれ育った彼らにとって、ヨルダン川西岸は自分たちの生まれ故郷です。自分たちの故郷で、パレスチナ人との争いが絶えない。

なぜ邪魔な異邦人がいるのかと不満を募らせ、パレスチナ人を完全駆逐したいと考えている。そうした人たちが極右政党を支持しているのです。

石田　とくに若い世代はＳＮＳなどを効果的に活用し、全イスラエルに向けてユダヤ人の権利を訴えたりもしています。そうした人たちが極右政党の集会に集まり、連帯を強めてより熱狂的になっていくのです。

ユダヤ人には「産めよ、増やせよ、地に満ちよ」という宗教規範があります。そのため宗教右派ほど子だくさんの家庭が多く、人口が増えやすい傾向がある。これもまた極右政党が伸びやすい一因になっています。

宇山　スモトリッチ財務大臣自身、ゴラン高原生まれで、ヨルダン川西岸で育ちました。ヨルダン川西岸のイスラエルへの併合とユダヤ人の権利拡大を主張し、この地の入植者たちの厚い支持を受けています。

石田　スモトリッチ財務大臣は、ヨルダン川西岸の占領行政を担当する特任担当大臣も兼任しています。特任担当大臣としてイスラエル人の入植をかつてないほど急増させ、かつ入植支援活動も積極的に行っています。これもまた支持者を固める要因になっています。

一方のベン-グヴィル国家安全保障大臣は、治安を担当する閣僚として警察や公安組織を統括しています。なかでもヨルダン川西岸の警察行政を統括し、パレスチナ人排斥とイスラエル人保護の強硬な施策を推進しています。これによりヨルダン川西岸の有権者や強硬派の支持を得ているのです。

宇山　ベン-グヴィル安保大臣も、やはりヨルダン川西岸で生まれ育っています。彼はユダヤ民族主義者バールーフ・ゴールドシュテインの肖像を自宅に掲げていたことでも知られます。

石田　ゴールドシュテインは「マクペラの洞窟虐殺事件」を起こした人物です。１９９4年にヨルダン川西岸の南部にある都市ヘブロンで、29名のパレスチナ人を射殺しました。マクペラの洞窟の中にはモスクがあり、礼拝に来ていたムスリムのパレスチナ人に向けて銃を乱射し、殺害したのです。

宇山　また「ユダヤの力」から出ている閣僚の一人アミハイ・エリヤフ遺産大臣は、2023年11月に「ガザ地区に核爆弾を投下することもあり得る」と発言し、物議を醸した人物です。

こうした人たちがここへ来て熱く支持されているのは、2021年にガザ地区で起きた軍事衝突が背景にあります。イスラエル人とパレスチナ人が抗争状態となり、ヨルダン川西岸の治安情勢も悪化します。

これに対して中道左派は、何一つ有効な手立てを打てませんでした。そこから西岸の事実上の併合を主張する勢力が伸長し、「宗教シオニズム」や「ユダヤの力」という極右政党が台頭したのです。

石田　この2党に比べれば、ネタニヤフ首相率いるリクードはおとなしいものです。むしろ中道に見えるほどです。

極右政党を支持するイスラエルのハイテク産業

宇山　ただイスラエルの産業界の大半は、極右政党の「宗教シオニズム」や「ユダヤの力」を支持していません。本来イスラエルに多いのは、こうした人たちです。

石田　とくに地場産業の人たちは、そうです。地場産業はパレスチナ人を労働者として雇用しているので、パレスチナ人との対立を望んでいません。

宇山　一方ハイテク産業は、パレスチナ人との直接的な接触が少なく、強硬派を支持する傾向が強いです。つまり産業界では、ハイテク産業が極右政党の支持層です。

石田　とくに軍需関連企業が、その傾向にあります。戦争により特需に沸くからです。アイアンドームや最新鋭航空機のようなイスラエルのハイテク兵器は、多くがイスラエルの軍需関連企業とアメリカの軍需関連企業の共同開発・生産です。そこからアメリカの政治にも影響力を持っています。

宇山　軍需関連に限らずイスラエルのハイテク産業は、アメリカ最大のロビイスト団体AIPACのようなユダヤ組織とも深い関係を持っています。

バイデン政権は２０２３年11月のアメリカ大統領選を控え、アメリカ世論に配慮しなければならない状況にあります。イスラエル・ハマス戦争を休戦させるべく、イスラエルへの武器支援を停止する可能性に言及したりもしています。

とはいえネタニヤフ政権にとってガザ占領政策は既定路線ですから、バイデン政権に耳を貸す気はありません。

石田　アメリカが何を言ってこようと、最後はイスラエル側に付くとわかっているからです。

宇山　つまりイスラエルの産業界を牽引するハイテク産業が戦争を望み、極右政党を支持している。その結果、パレスチナ人との対立を煽る政策が推し進められていく。そんな自己演出的なメカニズムが、イスラエル内部にあるのです。

このメカニズムが自然肥大化する中で、イスラエルの対外路線もまた必然的に強硬になっていく。イスラエル・ハマス戦争が長引く背景には、こうした構造的問題もあります。

アブラハム合意を破った第６次ネタニヤフ政権

石田　もともとハマスの言い分は「イスラエルのパレスチナへの入植をやめてくれ」というものです。サウジアラビアやＵＡＥなども、イスラエル政府に口頭で入植をやめるよう伝えていました。

パレスチナへの入植とは、たんにイスラエル人がパレスチナ自治区で暮らすことを意味するのではありません。パレスチナのヨルダン川西岸地区にイスラエル軍が入り、パレスチナの民間人を殺したり、追い出すというものです。

イスラエルの入植により、パレスチナでは民間人が毎日のように殺されていました。このことはアラブ系の新聞にも載っていて、「今日は３人殺されました。昨日は５人です。一昨日は２人です」といった具合でした。

この入植は２０２０年のアブラハム合意で、いったんストップがかかりました。イラン包囲網をつくりたいイスラエルが、アラブ諸国との国交正常化に合意したからです。

宇山　このとき動いたのが、当時のアメリカのトランプ大統領です。

石田　「イスラエルと握手してはいけない」というのは、アラブ諸国共通のコンセンサスです。とはいえトランプ大統領としては、国交正常化させたい。そこから出てきたのが入植の一時停止だったのです。

ただしこのアブラハム合意にサウジアラビアは入っていません。イスラエルと国交正常化したのはＵＡＥ、バーレーン、スーダン、モロッコの4カ国だけです。サウジアラビアにはアラブの盟主としての立場があります。

サウジアラビアの本音は「入植の一時停止」ではなく、国連が東エルサレムを首都とするパレスチナ国を認めた１９８８年時点まで国境を戻すというものです。つまり入植者たちをイスラエルに戻す。

とはいえ入植しているイスラエル人は、すでに何十万人もいます。この地で生まれた第2世代も多く、現実には難しい。そこで妥協案として出てきたのが「これ以上の入植は進めない」だったのです。その条件でサウジアラビアはＵＡＥやバーレーンらを説得し、ただし自分自身は握手しないスタンスを取ったのです。

この合意により２０２０年以降、入植はいったん止まりました。ところが２０２２年12月に第6次ネタニヤフ内閣が発足するとイスラエルは入植を再開し、それもどんどんエスカレートしていくのです。

約束は全部破られ、入植によって毎日のようにパレスチナ人が殺されています。ヨーロッパの新聞も「現代版アパルトヘイト」と非難するほど、パレスチナはひどい状況になっています。先ほどのオクトパス・ドクトリンも、第6次ネタニヤフ政権が出したものです。

宇山　政権発足の翌月、2023年1月に出しました。イランの頭部を狙うという新たな軍事脅威が始まり、一方でパレスチナ入植も過激になっていくのです。

イスラエルで始まっている頭脳流出

石田　2023年夏頃にイスラエルの地元紙「タイムズ・オブ・イスラエル」が、民間のイスラエル人を対象に世論調査を行っています。これによると国民の30パーセントがイスラエルを脱出したいと考えていました。

理由は三つあり、一つは対イラン政策です。オクトパス・ドクトリンのような強硬な戦略を取れば必ず大きな戦争が起こるので、その前に国外脱出したい。

二つ目は、対パレスチナ政策です。ネタニヤフ政権はアブラハム合意で止まっていた入植を再開し、さらに過激な方向にエスカレートしている。これによりパレスチナ人との対立が深まり、やはり戦争につながるからというものです。

民間のイスラエル人にとってパレスチナ人は、身近な存在でもあります。ヨルダン川西岸やガザから出稼ぎに来るパレスチナ人がいて、工場で一緒に働いたりしています。そんなパレスチナ人と対立し、戦争に発展することを恐れているのです。

そして三つ目が、司法制度改革です。ネタニヤフ政権が独裁色を強めるために始めたもので、裁判所を政府の直轄下に置こうとしています。民主主義は司法・行政・立法の三権分立で成り立ちますが、このうち司法を政府が握るというものです。

ネタニヤフ首相は、汚職問題をたくさん抱えています。もしネタニヤフ政権の力が弱まれば、彼は逮捕されて刑務所行きになります。裁判所を直轄下におけば、その心配はなくなるというわけです。

一方で独裁色が高まるほど、戦争が始まる可能性は高まります。そしていざ戦争が始まれば、戦時体制により彼の政権は磐石になります。つまり三つの観点からいずれ戦争が起こるのは確実で、その前に脱出したいと国民の30パーセントは考えていたのです。

宇山　夏頃の調査だから、10月7日以前です。そのときですら30パーセントの国民が戦争を予想し、国外脱出したいと考えていたのですね。

石田　世論調査の結果が出た2週間後、たまたまイスラエル人一家が、私の家に遊びに来ました。世論調査の話をすると「30パーセントどころではない。50パーセント以上いる」という話でした。

彼はイスラエル航空宇宙局のエンジニアで、イスラエルの中でもエリート層に入ります。国外脱出できるのは、外国でも生計を立てられるだけの資産や技能を持ったエリートたちです。そういう人たちが、ものすごい勢いで脱出しているという話でした。

第6次ネタニヤフ政権発足の翌月ぐらいから頭脳流出が始まり、彼の来日も海外移住を前提にしたものでした。視察のために家族と一緒に日本に来たのです。

また彼はネタニヤフ政権にいる過激派シオニストたちについても語ってくれました。先ほど宇山さんが言われたように、3人はそれぞれ財務大臣、国家安全保障大臣、法務大臣です。つまりイスラエルのカネ、警察、法律を握っているのです。

彼らはみな弁護士で、イスラエル人やユダヤ人の過激派やテロリストの弁護もしています。入植地の出身者でもあり、ヨルダン川西岸地区またはゴラン高原で生まれ育っています。

先ほどの世論調査でイスラエル国民の多くは戦争反対ですが、25パーセントは賛成しています。この賛成派は、入植地出身の人たちです。入植地には、すでにここで生まれ育った第2世代もいます。彼らにとって入植地は故郷です。それをなぜパレスチナに返す必要があるのかというわけで、彼らが3人の過激派シオニストを支持しているのです。

イスラエル・ハマス戦争がグローバルサウスに与える影響

石田　イスラエル・ハマス戦争はグローバルサウスにとって、どのような意味を持つと思いますか。

宇山　いい部分と悪い部分があります。ウクライナ戦争同様、西側がこのような理不尽な戦争に関わっているからグローバルサウスが結束し、グローバルサウスとしての経済圏の確立に拍車がかかることにもなります。これは利点ですが、いつまでもこのような状況が続けば、いずれ経済的な限界が来ます。

サウジアラビアのムハンマド皇太子が一番懸念しているのは、中東が不安定であるため、自分たちの資金をすべて経済に注力できないことです。一定の安定がなければ、さらなる飛躍ができない。やはり中東危機の行方がグローバルサウスの動きと密接に関係すると思います。

石田　私は、イスラエルが国として、もう成り立たないと思います。過激派のシオニストは「世の中は旧約聖書どおりに動く」と思い込み、その方向に世界を誘導しようとしています。

旧約聖書によると中東で戦争が起こり、ユダヤ人はヨーロッパに逃げていきます。一方でパレスチナでは巨大な地震が起こり、パレスチナに攻めてきた軍隊は全滅します。つまりユダヤ人だけは神によって救われるという選民思想です。

実際そうなるのではないでしょうか。国がなくなり、ヨーロッパに散らばっていく。すでに優秀なイスラエル人が、どんどん国外に出て行っています。先ほど世論調査で30パーセントが出て行きたがっているという話が出ましたが、これは戦争が始まる前の数字です。今後もどんどんイスラエルから出て行く人は増えるでしょう。

イスラエルは「中東の頭脳」と言われるほど、テクノロジー産業が発達しています。これは軍事力に直結していますから、もはや国の体をなさなくなるのではないか。

汚職まみれで戦争を起こしたい政治家が国を司っているから、一般のイスラエル人は「戦争やめろ！」「ネタニヤフ退陣しろ！」と毎日のようにデモを行っています。それでも退陣すると逮捕されるから、ネタニヤフ首相は辞めないために戦争を継続する。その結果、世界からどんどん孤立し、国民もどんどん逃げていく。
しかもガザ地区でケリがついたら、今度はレバノンに戦争の焦点を移すでしょう。結局いまの政権が続く限り、戦争も続くのです。そしていよいよ世界から孤立し、最後は存続できなくなる。

宇山　私はイスラエルはしぶとく生き残ると思います。イスラエルにはアメリカがついています。アメリカ最大のロビイスト団体であるアメリカ・イスラエル公共問題委員会が、イスラエルを守るため大量に資金を出しますから。

石田　そのとおりです。イスラエルが国として成り立たなくなるというのは、私の希望的観測でもあります。ロビイストの存在を考えると、イスラエルはただでは転ばない。

宇山　だから火種はずっと残りっぱなしの状態になる。ネタニヤフ首相が失脚しても、別のリーダーが出てきます。

石田　なにしろ構造的には、２０００年続いている戦争です。それでも中東のパワーバランスは若干崩れてくると思います。アメリカ一強だった世界が、多極化していくことは確かです。そうなるとアメリカにくっついているイスラエルも、これまでの力を保持できません。

イスラエルの好きなようにできないし、アメリカの好きなようにもできない。そうした中で強い影響力を持つのはグローバルサウスになるようにも思います。

イランの核武装への動き

宇山　イランにも触れておきたいと思います。イスラエルとともに中東における紛争の発火点となっているのが、イランです。世界のイスラム教徒の9割がスンニ派であるのに対し、イランはシーア派の国家です。イランの人口は約8600万人で、トルコと並ぶ中東随一の人口大国です。核開発を進める軍事大国でもあります。そのような中で、イランはヒズボラやフーシ派など、各国のシーア派組織と連携しています。

石田　ただイランはイスラエルに対し、自制しているように思います。イスラエルは2024年4月にシリアのイラン大使館を空爆し、イランのイスラム革命防衛隊のモハマド・レザ・ザヘディ准将らを殺害しました。対抗措置としてイランも無人機やミサイルによるイスラエルへの大規模攻撃を行いましたが、イスラエルは攻撃の99パーセントを迎撃しました。この攻撃による死者も確認されていません。

また7月にはハマスの軍事部門トップのムハンマド・デイフ氏、ヒズボラの軍事部門の最高幹部フアド・シュクル司令官やハマスの政治部門トップのイスマイル・ハニヤ氏らが相次いで殺害されました。いずれもイスラエルがやったとされますが、これらについてもイランは大きな動きを見せていません。

宇山　一方でイランはここへ来て、核武装の正当性を主張しています。イランの最高指導者の助言機関イラン外交関係戦略評議会は「イスラエルがイランの核施設を攻撃すれば、核武装の選択肢もある」「イランは核爆弾の製造能力がある」「いまも能力はあるが製造は決定していない」などと表明しています。

石田　イランの核武装にはサウジアラビアも警戒しています。サウジアラビアのムハンマド皇太子は2023年9月にアメリカFOXニュースのインタビューで「もしイランが核を持てば、我々も持たなければならない」と述べています。

サウジアラビアは、パキスタンに核開発のための資金を提供してきました。パキスタンから核を買い上げるという選択肢もあります。

宇山　すでにサウジアラビアはアメリカに対し、イスラエルと国交正常化する見返りとして原子力の民生利用への支援を要求しています。2023年9月、アメリカ、イスラエルと密かにウラン濃縮施設のサウジアラビアへの設置を協議し、ネタニヤフ首相も合意したとイスラエルの当局者が明らかにしています。同年、10月のハマスの攻撃以降は協議がご破算になりましたが。

イランの核開発は、こうしたサウジアラビアの動きに対抗するためでもあります。かつてサウジアラビアは、イラクのサダム・フセイン大統領によるイラン攻撃を支援していたことがあります。イランとサウジアラビアが反目しているのは明らかです。

石田　サウジアラビアとイランは２０１６年に国交断絶しましたが、２０２３年に中国の仲介で国交正常化に合意しました。両者の駆け引きが活発化しているのを感じます。

また原子力については、ＵＡＥも原子力発電所の設置を表明しています。ペルシャ湾を巡ってイランと対立していることから、イランに対抗する意図を感じます。

宇山　トルコも原子力発電所の稼働に向けて動いています。２０２３年12月にはトルコ初の原子力発電所となるアックユ原子力発電所の起動を始めています。建設工事を請け負ったのは、ロシアの原子力総合企業ロスアトム社です。

石田　トルコのレジェップ・タイイップ・エルドアン大統領は「トルコはイスラエルの核問題が忘れ去られることを容認しない」という発言もしています。増長するイスラエルへの対抗策として、原子力を持ちだしているのではないでしょうか。

過去にはインドが民生用の原発技術から核兵器を開発しています。トルコも核兵器の保有に向けて動きだしていると考えたほうがいいでしょう。中東や周辺国は事実上、核武装の準備に入っているといえます。

イラン大統領選中に聞いた街の人たちの声

宇山　そうした中、イランはこれまでのような強硬路線一辺倒では持たないこともわかっています。2024年5月のライシ大統領の墜落死を受けて、イランで新しい大統領を選ぶ選挙が行われました。7月5日の決選投票で勝利したのは、大方の予想に反して改革派左派のマースード・ペゼシュキアン氏でした。

石田　ペゼシュキアン氏は、欧米との対話重視を明言しています。イランへの経済制裁は2015年の核合意で一部解除されましたが、2018年にアメリカのトランプ政権が合意から離脱したことで再び制裁が強化されています。

これがイラン経済に大きな打撃を与え、国民生活はかなり困窮しています。対話路線を唱えるペゼシュキアン氏の当選には、そうした背景があると思います。

宇山　イランの最高指導者アリー・ハメネイ師らも、路線修正して欧米と対話したい思惑があるのではないでしょうか。選挙では当局が国民に対し、投票に行くよう何度も促していました。無党派層を動かし、ペゼシュキアン氏が有利になるよう仕向けたともとれます。

石田　ペゼシュキアン新大統領は、イランの核合意を再建するとも述べています。とはいえ現実にはイランが核武装を放棄するとも思えませんが……。

宇山　いずれにせよイランは、これ以上イスラエル紛争に関わりたくないのではないか。じつは私は大統領選挙中のイランに滞在していました。街の人たちの声を聞くと、やはり対話による経済制裁解除を求める声が圧倒的でした。

イランは言論統制が半端ではなく、当局による監視のため、ネットがつながらなくなったり、速度が遅くなることはしょっちゅうです。街の人たちも監視を警戒して体制批判はしませんが、外交についてはかなり雄弁でした。

「政府はヒズボラなどを支援すべきではないし、イスラエルの件に介入すべきではない」「クレイジーなイスラエルと関わりを持つと我々が損をする」などと語ってくれました。

ちなみに街中では女性の姿も多く見かけました。

石田　イスラム諸国の女性は基本的に家に閉じ込められることが多いですが、イランは女性もたくさん外出しています。他のイスラムの国々にはないイランの特徴です。装いも頭髪を隠すヒジャブは義務付けられていますが、顔全体を覆い隠して目だけ出すニカブは誰も付けていません。顔が見えるし、男女も一緒に歩いています。

宇山　とはいえヒジャブは強要ですから、女性の人権が軽視されていることは確かです。しかし、女性に投票権もある。クルマの運転もできる。男女が一緒に歩いていても咎められない。不寛容な側面もあるけれど、寛容な側面もある。どちらか一方だけを強調するのは、イランの姿を見誤ります。

第10章

日本外交が進むべき道とは

択捉島経由で日本に石油を運ぶパイプラインの建設を

石田　第9章で中東情勢について議論しましたが、今後、中東情勢の激化でホルムズ海峡が封鎖されることになれば、最も被害を受けるのは日本です。石油消費大国で産油国から遠く、しかも島国です。アラブ諸国からの海上輸送にほとんど依存している日本は、完全に手詰まりになります。

そうした事態を避けるために大事になるのがグローバルサウス、なかでもロシアとの連携です。本章では日本経済が成長を続けるうえで重要なエネルギー問題を中心に、日本はアメリカやグローバルサウスとどのようにつきあうべきか議論したいと思います。

ホルムズ海峡封鎖に備え、まず日本がやるべきはロシアとの関係改善です。そのうえでロシアから樺太島を経て北海道までをつなぐパイプラインを引く。ロシアの石油や天然ガスをパイプラインで運ぶなら、陸路とほぼ同じなので安定的に石油が入ってきます。

いま日本の石油は97パーセントを中東に頼っています。これはウクライナ戦争で当時の岸田政権がアメリカと協調して、ロシアに経済制裁を行ったからです。ロシアから一滴も石油を入れなくなり、結果として中東依存が深まった。そうした中で起きたのがイスラエル・ハマス戦争です。

これは深読みすると、アメリカが望んだ形ともいえます。日本に中東からの石油が入らなくなって、誰が得するかというとアメリカです。

2022年9月にドイツとロシアを結ぶ天然ガスパイプライン、ノルドストリームが爆破され、ドイツにロシアからの天然ガスが入らなくなりました。ドイツの製造業が世界的な競争力を持てたのは、ロシアから入ってくる安価な天然ガスで工場を動かしていたからです。

宇山　その天然ガスが入らなくなると、ドイツ経済はガタガタになりました。エネルギー集約型産業を中心に製造業がどんどん倒産し、結局ドイツはアメリカからシェールガス由来のLNG（液化天然ガス）をロシアの天然ガスの4倍の値段で買うことになりました。

石田　アメリカでは次世代エネルギー資源とされる、メタンハイドレートの採掘も始まっています。これを売ることもできます。

宇山　しかもドイツは先頭切って進めていたエネルギーの脱炭素化もできなくなり、昔ながらの石炭火力発電に頼らざるを得なくなっています。イスラエル・ハマス戦争が激化すれば、日本も似た状況に陥るのではないでしょうか。

石田　ホルムズ海峡封鎖で中東の石油が入らなくなり、日本は窮地に陥る。そこにアメリカが「うちのシェールガスを4倍の値段で買いませんか」と手を差し伸べてくる。ドイツと同じ道を辿らないようにする必要があるのに、日本はまったくリスクヘッジができていません。

中国が昆明やウルムチの開発を進めているのは、中国にとってのリスクヘッジです。反発を感じる人が多いかもしれませんが、これを中国の巧みな戦術と考えなければならない。

日本には中国嫌いが高じて「一帯一路は絶対に失敗する」「中国経済は崩壊する」などと言う人も多いですが、中国政府の首脳部は日本の政府の首脳部より賢いです。抜かりなく自分たちの国益を考えています。

一方で日本は、何をされてもヘラヘラしている。自分の意見も主張も何もなく、アメリカに言われるがままです。日本の国益そっちのけで、むしろアメリカの利益を追求する動きを後押ししている。「どちらが国のためになりますか」という話です。

国連に従うだけでは経済で遅れをとる

石田　ロシアのウクライナ侵攻は明らかに国際法違反です。ロシアに非があることは間違いありません。とはいえ「ロシアが悪い」という正義論、道徳論だけで国際社会は動きません。場合によっては悪い奴とでも手を組むほうが、短期的にも中長期的にも日本の国益になることがあります。

国際連合の言い分に従うだけでは、経済で遅れをとってしまう。インドを見てください。長年にわたりロシアと蜜月関係を築き、２０２４年７月にもナレンドラ・モディ首相はロシアを訪れ、プーチン大統領と会談しました。なぜ同じことを日本はやれないのか。

宇山　そもそもロシアがウクライナに侵攻したのは、アメリカやＮＡＴＯがずっとロシアを追いつめてきたからです。冷戦崩壊後、旧共産圏の国々が次々とＮＡＴＯ加盟国となりました。１９９９年のポーランド、ハンガリー、チェコの加盟に始まり、２０００年代にはエストニア、ラトビア、リトアニアをはじめ、９カ国が加盟します。

さらに２０１７年にはモンテネグロ、２０２０年には北マケドニアが加盟します。これだけNATOの東方拡大が進めば、ロシアが反撃に出るのは当たり前です。脅威が目の前にあるのに、何の対応もしないのは日本だけです。

たとえば日本の首相がプーチン大統領と握手したり話し合ったりすれば、アメリカに暗殺されるかという話もあります。それでも、おかしな忖度などせず、プーチン大統領と話をすればいいのです。

プーチン大統領とエネルギー外交をして、石油や天然ガスのパイプラインをロシアから引っ張ってくる。貿易もこれまでどおり行う。「アメリカが何を言おうと関係ありません。我が国には我が国の立場があります」となぜ言えないのか。アメリカは怒るかもしれませんが、放っておけばいいのです。

石田　それが、リーダーがなすべきことです。

宇山　その結果として、万が一、殺されてもいいじゃないですか。国益こそ優先されるべきです。

石田　我々日本人としては、日本のために頑張ってくれるリーダーであってほしい。言いたいのは、それだけなのです。

かつて田中角栄首相は、国益のためにいまの日本のリーダーと真逆の行動をしました。

１９７３年の第四次中東戦争で、アラブ諸国とイスラエルが戦ったときです。日本はアメリカから「第四次中東戦争に参戦して、イスラエルを支援せよ」と圧力を受けました。でも当時の田中首相は「イスラエルを支援することはできない。中立を保ちます」と断った。なぜなら日本はアラブ諸国から石油を輸入していました。イスラエルを支援したら、アラブ諸国から石油が入ってこなくなるからです。

「アラブ諸国から石油が日本に入るよう、アメリカは保証できますか？」と問いただし、田中政権は第四次中東戦争で中立を保ったのです。

宇山　一方、今回のイスラエル・ハマス戦争で岸田政権下の上川陽子外相は、他のＧ７諸国に倣いイスラエル支持を表明しました。せっかく中東との友好関係が形成されているのに、なぜぶち壊すようなことを言うのか。

石田　まさにちゃぶ台が引っくり返されそうな勢いです。いまのような態度を続ければ、いずれ日本に石油が入ってこなくなります。実際、入らなくなる直前まで行きました。

イスラエル・ハマス戦争が始まった翌11月に、サウジアラビアが旗振り役となってイスラム協力機構の緊急首脳会談が開催されました。オンラインではなくサウジアラビアの首都リヤドに、57カ国の大統領や元首を緊急招集した。サウジアラビアのリーダーシップはすごいと思いました。

このときに出した共同声明が、イスラエルとイスラエルを支持するアメリカへの強い非難です。そしてもう一つ話し合われたのが、イスラエルを支援する国に石油を売るのをやめるというものです。こちらは反対国も出たので見送られましたが、場合によっては日本に石油が入らなくなる可能性がありました。

それでもイスラエルを支持するのは、やはりアメリカの圧力があるからでしょう。日本にアラブからの石油が来なくなっても、アメリカは儲かるだけですから。

日本はロシアと協力してエネルギー輸出国になったほうがいい

宇山　エネルギーの安全保障という点では、本来日本には天然ガスがあります。茨城沖や沖縄県の宮古島に天然ガスの大きな油田があると言われています。茨城沖も宮古島も20年ぐらい前から存在が言われています。それなのにいつまで経っても実証実験から進んでいません。メタンハイドレートも日本の近海に大量に埋蔵されていると言われながら、いまだ実証実験で止まっています。

商業生産できない理由として「膨大な費用がかかる」「採掘が難しい」などと言われますが、日本の資金力と技術力をもってすれば解決策はあるはずです。

石田　それができないのは、やはりアメリカからの圧力ではないか。要は日本にエネルギー自給をさせたくない。日本がエネルギーで自立すれば、アメリカから離れてしまいます。西側陣営でいる必要がなくなり、むしろロシアとくっつきかねない。

実際、日本としてはロシアと協力して、エネルギー輸出国になったほうがいいのです。北方領土問題も、よく「日ロ問題ではなく、日米問題」と言われます。プーチン大統領が北方領土を返さないのは、日米同盟があるからです。

宇山　北方領土を返したら、そこにアメリカの基地ができる可能性が生じますからね。

石田　日本はアメリカの属国だから、アメリカに「北方領土にミサイル配備する」と言われれば反対できないというわけです。そうなるとロシアは西側と東側から挟み打ちされることになります。

そもそもあれほど広大な土地を抱えるロシアにとって、北方領土のような小さな島など瑣末な話です。でも北方領土はオホーツク海の防衛戦です。北海道から千島列島、カムチャッカ半島までつながり、海の中で壁の役割を果たしています。だからアメリカの原子力潜水艦も、そう簡単に入れません。

そこにもし北方領土にアメリカの拠点ができれば、オホーツク海はNATOの勢力圏になります。その意味でもロシアは北方領土を返せません。

でもここで日本が、アメリカに「日米同盟はそろそろ終わりにしましょう」と言えば、話は大きく変わります。ロシアとの交渉の余地が生まれるのです。

宇山　アメリカはもはや世界の警察の役割りは担えないでしょう。アメリカ軍は世界からどんどん撤退する。

石田　ならば日本も「日本は自分たちで守ります。日米同盟はそろそろフェードアウトしましょう」と言えばいい。一方でロシアと軍事同盟を結ぶ方向に持っていけば、プーチン大統領はすぐに北方領土を返します。

そこには極東開発の問題もあります。ロシアの西側にあるモスクワやサンクトペテルブルクがものすごく経済発展する一方、東側はいつまで経っても貧しく、なかなか豊かになれない。そこで極東の経済開発とインフラ開発を日本にお願いしたい思いがある。

日本は日本のサービスや技術をどんどん紹介して、「こんな素晴らしい街づくりをしましょう」「こんな観光サービスを行いましょう」とさまざまな提案をすればいい。日本の強みを生かしつつロシアとディールをして、北方領土を返してもらえばいいのです。

アメリカは信用できないが、一定の牽制力や抑止力にはなる

宇山　私は従来どおり、日米同盟を基軸に日本外交を展開していくべきだと思っています。やはりアメリカの後ろ楯あってこそ、アジアにおける日本の地位があるからです。残念ながら、日本はアメリカの力を軽視できません。

一方で日本は核を持つべきとも思っています。アメリカの従属から少しでも離れ、自主外交をするためにも、アメリカに無断で核武装を進めていく。

これは私がアメリカが「大嫌い」だからでもあります。世界中いろいろな国に行きましたが、アメリカに行くと本当に嫌気がさします。なかでも「俺たちが世界のスタンダード」と言わんばかりの傲慢な物言いには辟易します。

しかも左翼的な考え方をひけらかし、「ＬＧＢＴや移民を認めて当然」などと人権意識を振りかざす。自分が一番の正義の体現者のような口ぶりです。世界の嫌われ者になるの

は当然で、その意味では、私はアメリカを信用していません。

石田　私もいろいろな国を訪れた中で、一番危険な目にあったのがアメリカです。中東やイラクでは、まったく危険な目にあっていません。銃を突きつけられたり、殺されそうになったのは、すべてアメリカです。レンタカーで高速道路を走っていたら1時間ほどでパンクし、ハンドルをとられて事故になりかけたこともあります。

宇山　ニューヨーク、カリフォルニア、ロサンゼルスの治安は無茶苦茶です。何をされてもおかしくない。恐喝も日常茶飯事です。ただし恐喝やスリといった犯罪は、全然統計に上げられていません。

石田　日本のマスコミもあまり報じません。私がアメリカに行ったのは30年ぐらい前ですが、いまはもっとひどい。アメリカ事情に詳しい人から聞くと、比較にならないほど危険になっています。

宇山　「不法移民のベネズエラ人が犯罪を犯す」といった話がありますが、実際はアメリカ人のほうが、よほど犯罪を犯しています。「人のせいにするな」という話です。

それでも「日米同盟が重要」というのは事実だと思います。どれだけクアッドのような仕組みや東南アジア地域の多元的外交の仕組みを組み立てても、それらの国々は最後は信用できません。もちろんアメリカも信用できませんが、アメリカという後ろ楯があることは一定の牽制力や抑止力になります。

いざ有事が起きてもアメリカ軍は助けてくれないでしょう。２０２１年のアフガニスタン撤退が示すように、アメリカ軍はさっさと逃げます。それでもアメリカの存在感は大きな抑止力になります。

中国が台湾侵攻をしない、あるいは尖閣諸島に手を出さずにいるのも、アメリカの存在があることは否定できません。つまり日米同盟を基軸としながら、インドをはじめグローバルサウスの国々と多面的外交を積極的に進めていく。そこにロシアも含める。他の国々と同様、ロシアとの連携も進めていくことが日本の国益になると思います。

石田　では、「アメリカに代わるロシア」という選択肢はあり得ないのですか？

宇山　日本がロシアと手を組んで連携を進めるのは反対です。私はロシアという国を愛しています。画家や作曲家、文学者など素晴らしい偉人たちを多く輩出したロシア。それでもロシアという国は信用できません。

ロシアとはまずパートナーシップぐらいの関係で

石田　牽強付会といえば、アメリカもそうです。

宇山　ＮＡＴＯの東方拡大がウクライナ戦争の大きな原因であることは私も認めます。あれだけ追いつめられたら、誰だって反撃します。

かといってロシアが国際社会の中で、必ずしも信用に値することをしてきたわけではありません。日本のいまの外交力で、プーチン大統領のしたたかな外交についていけるとは到底思えません。

石田　もちろん日本も変わる必要があります。いまの政府のレベルでは、ロシアに限らずどの国と組んでも、いいように使われて終わりです。

宇山　その意味でロシアとは距離を置きながら連携し、利用できるところは利用するのがよいのです。

石田　その点は同じ考えです。その結果として最終的に北方領土返還を目指すとしたら、ロシアとの軍事同盟だと思うのです。ただしすごく時間がかかるでしょうが。

宇山　ロシアと軍事同盟を組めば、アメリカが日本から引きます。国益を考えるなら、日本はアメリカを切り捨ててロシアを取る段階まで来ていません。まだアメリカのほうが利用価値が高い。もちろん今後、状況が変わるかもしれませんが。

石田　私は、状況が大きく変わると思います。

宇山　50年ぐらいの長期的スパンで見れば、変わるかもしれません。北朝鮮に手を突っ込み、中国とも大変な蜜月関係を築いている国です。

石田　ウクライナ戦争が起きたときから、日本外交にとって一番重要なのは、中ロ接近にクサビを打つことだと、私は考えてきました。中国とロシア相手に二正面作戦をとるのは、日本の安全保障上の一番の損失です。とはいえあそこまでの蜜月関係になると、もはや中国からロシアを引き離すことはできないでしょう。

宇山　私はできると思っています。中ロはBRICSという塊の中で表向きは仲良くしていますが、両国ともお互い利用しようという関係です。不信感もお互いに持っています。

石田　たしかに同床異夢の面はありますね。

宇山　そして日本にとって最大の軍事的脅威は、やはり中国です。中国とまともに戦争をやれば、日本は崩壊します。戦争はもちろん避けるべきですが、台湾や尖閣諸島などいろいろな問題が起こる中で、アメリカは「戦争しろ」と日本を焚きつけています。危機がだんだん高まる中で中国に対する抑止力として、軍事同盟まではいかなくともロシアと良好な関係を築くのです。

まずはパートナーシップぐらいの関係を持つことで、ある程度は中国への抑止になると思います。「日本を攻撃すればロシアが黙っていない」という中国へのメッセージになります。

これは北朝鮮に対しても言えます。現状ロシアは北朝鮮をうまくコントロールできています。日本とロシアは仲がいいということを示せば、北朝鮮は日本にミサイルを撃たなくなるかもしれません。

宇山　パートナーシップは賛成です。

石田　アメリカの状況次第ですが、「アメリカは日本の面倒をみません」となれば、ロシアとの同盟は選択肢の一つにはなると思います。逆に日米同盟が日本にとってメリットがあり、抑止力としての状態が続くなら継続も選択肢の一つです。そこはバランスです。両方をとるわけにはいきませんから。

宇山　どこに軸足を置くか、ですね。
石田　それがアメリカでなく、ロシアになることも将来的にはあり得る。日本にとって国益は何か。これだけ石油や天然ガスを輸入している国ですから、そこをまず考えることが大事です。
宇山　たしかに経済的にはロシアと引っ付いたほうが、アメリカと引っ付くよりも、メリットがあります。日本企業にとっても、ロシアに技術などを提供することでお金がもらえるといったメリットがあります。
北方領土では択捉島や国後島から天然ガスが採れます。採掘がうまくいけば日本はエネルギー自給国に近づくかもしれません。加えてサハリンから北海道にパイプラインをつなげば、中東でどんな有事が起ころうと、天然ガスも困りません。それも、安い値段で手に入るようになります。

アイスランドの挑戦

石田　エネルギーは製造業の礎です。安くて安定してエネルギーが手に入るようになれば、日本経済は復活します。安い電気を手に入れたことで、ものすごい経済危機から一瞬にして復活したのが北欧の島国・アイスランドです。

アイスランドの電気は地熱でつくっています。地熱は地球内部の熱源に由来するエネルギーですから、天候に関係なく地球が生きている限り、24時間いつでも安定して電気をつくれます。

宇山　日本も地熱開発については高い技術を持っています。

石田　日本の地熱資源量は、アメリカ、インドネシアに次ぐ世界第3位です。しかもアイスランドにある地熱発電プラントのタービンは日本製です。東芝と三菱重工と富士電機の3社で世界の地熱タービンのシェアの7割を占めます。

ただし日本で地熱発電は取り入れていないので、彼らは日本で売ることができない。だからインドネシアやアイスランドで商売しているのです。

アイスランドは人口が32万人しかいないので、つくった電気は大量に余っています。しかも発電コストが安く、EU平均の4分の1以下と言われます。

もともとの電気料金が安いうえ、大量にまとまって買ってくれる会社にはさらに安く、タダ同然で供給しています。その結果アイスランドは、世界中の電力消費産業が集まる国になっています。

鉄鋼やアルミニウム、フェロシリコン、鉄などをつくる会社は電気を大量に使うので、みんなアイスランドを目指します。電気代が10分の1などになれば、それだけで何十億という金額が浮くからです。

イギリスのリオティント、アメリカのセンチャリー・アルミニウム・カンパニーといった世界的アルミウム会社は、みんなアイスランドに工場を建てています。結果としてアイスランドはアルミニウム輸出国になっています。

アイスランドがこのような戦略を開始するのは、2008年のリーマンショック直後です。リーマンショックで経済が急激に落ち込みましたが、アルミニウム産業ですぐに復活できたのです。

日本も天然ガスが択捉島や国後島から採れるようになれば、アイスランドと同じ道を辿れるかもしれません。安定かつ安価な電気代を供給することでアイスランドのように電力多消費産業を国内に誘致し、彼らから税金を取るのです。

宇山　電気代を安くする代わりに、税金をしっかり払ってもらう。外国から工場がどんどん入ってくれれば、国内に雇用も生まれます。

石田　ケイ素と鉄の化合物フェロシリコンも大量に電気を使うので、フェロシリコンをつくる会社も誘致できます。そうすれば日本はアルミニウムとフェロシリコンの輸出大国になれます。電気代を安くできれば、このような国家運営も考えられるのです。逆に電気代が高い国は成長しません。

宇山　中東だって燃料代が安いから、いまのような発展を遂げているのです。

いまこそ日本人の原点「和をもって尊しとなす」に戻れ

石田　アイスランドは電気代が安く、しかも余っていることから、ヨーロッパでは新たな構想も生まれています。アイスランドの電気を北大西洋ケーブルを通じてヨーロッパ大陸に輸出し、さらに地中海までケーブルを敷いてアフリカまで輸出するというものです。

もともとヨーロッパには自然エネルギーをヨーロッパや中東、アフリカの国々で融通する「ヨーロッパ・スーパーグリッド構想」があります。グリッドは送電系統のことで、ヨーロッパを中心に多国間で新しい送電網をつくる。このうちの一つにアイスランドの地熱を利用するというものです。

提案したのはイギリスで、ほかにもドイツをはじめヨーロッパの数カ国が賛同しています。ただし当のアイスランドは反対しています。

宇山　意外ですね。アイスランドからすれば、自国の電気がどんどん売れるのだから、いい話のはずです。

石田　理由はアイスランドが漁業大国だからです。北大西洋に太い海底ケーブルを敷くと生態系が変わり、アイスランドの漁業が大きな影響を受けかねないというわけです。アイスランドはテクノロジー大国で地熱大国でもあるなど、さまざまなポテンシャルを持つ国ですが、原点は漁業です。だからアイスランドには漁業関係のアプリをつくる会社や流通会社など、漁業関連産業がたくさんあります。これらに従事している人はアイスランドの人口の7割を占めます。

だからもし北大西洋ケーブルを敷いて生態系が変われば、アイスランドは大打撃を受けます。実際ある大学の研究者によると、海底ケーブルを敷くことでアイスランド近海の生態系は大きく変わるそうです。

宇山　彼らにとって最も重要なのは漁業で、これを潰してはならないということですね。

石田　彼らの先祖はバイキングです。そんな自分たちの原点を忘れないアイスランドのアイデンティティが私は大好きです。日本も日本人の原点に戻らなければならない。それは「和をもって尊しとなす」です。

ケンカするのではなく、話し合って協調する。みんなで協力して、世界最高峰のものをつくる。出光興産の創業者・出光佐三や松下電器産業の創業者・松下幸之助は、まさに日本のスピリットの体現者です。

本来ならそこに帰るべきなのに、現実はどんどんグローバリズムの方向に向かっていきます。「ＬＧＢＴもＯＫ」「移民もＯＫ」という、おかしな社会になっています。

宇山　アメリカンスタンダードになっているのです。

石田　アメリカは破滅に向かっているのに、なぜそんな国の真似をするのか、不思議でなりません。グローバルサウスには、日本をお手本としている国も多いのです。ただしそれは、いまの日本ではない。彼らが手本としているのは高度経済成長期の日本かもしれないし、大東亜戦争の頃の日本かもしれません。

いずれにせよ日本人の勤勉さや真面目さ、手先の器用さなどを彼らはすごく評価しています。たとえばサウジアラビアには「ハワーテル」という高視聴率のテレビ番組があります。ハワーテルは日本語で「改善」のことで、日本について最初から最後まで称賛していります。

ユーチューブなどでも見られますが、内容は「靴箱に靴を並べて入れる」「小学生が学校で床を雑巾駆けしている」「物を買うときに並んでいる」など、我々日本人からすれば当たり前のことばかりです。でも、それらを当たり前にできることが、世界の人たちにとって尊敬の対象なのです。

日本の常識は世界の非常識で、そうしたところが評価されているのです。グローバルサウスの国々とつきあっていくうえで、このことを覚えておくことも重要です。

宇山　欧米にはない日本のメリットです。だからこそ日本は、もっとグローバルサウスに目を向けるべきなのです。

日本は２０００年のＧ７サミットでは、１人あたりＧＤＰがＧ７諸国で最も豊かな国でした。しかし、２０２３年のサミットでは、最も貧しい国になってしまいました。この20年強の間に、世界経済での日本の位置は大きく低下しました。拡大するグローバルサウスの力をどのように取り込み、連携していくかが問われています。

おわりに

本書を最後までお読みいただきありがとうございます。宇山さんと僕は「チャンネル桜」という言論系YouTubeチャンネルの討論番組で知り合いました。この番組は言論系の強者たちが熱い議論を交わし、様々なテーマで日本の課題を論じる番組です。読者の皆さんの中にも、見たことあるという方も少なくないと思います。

二人ともその番組のゲストにこれまで何度も呼ばれて顔を合わせ、ライブ配信での議論を重ねていくごとに意気投合していきました。実に様々なテーマで議論しましたが、僕たちが意気投合した一番大きな理由は、僕たちは二人とも実際に現地に足を運び、現場を見ているという「リアリティ溢れる感覚」を、お互いリスペクトしているからだと思います。

宇山さんも僕もお互いの話を聞くことで、お互いの一次情報に触れることができ、それはさらに生きた情報として次の一手に活用されます。ビジネスでも投資でも交流事業でも何でも構いません。次の決断を迫られた時の判断材料として、一次情報は何よりも活きてくるわけです。

さらに、もっと大きな視点で話すと、国際情勢は未来の羅針盤であり、日本の行く末、そして僕たちの将来にとっても、大きなヒントとなり得るわけです。そんな重大なヒントが一次情報としてインプットできたら、この上ないメリットがもたらされます。世界で活躍するために行動できる日本人も、もっともっと増えてくることでしょう。

しかし現実はどうでしょうか？　国際情勢における日本のマスコミ報道は、世界の真実の情報があまりにも少ないと思いませんか。特に「グローバルサウス」と呼ばれる新興国のグループに関してはなおさらです。時には偏向報道があったり、重要な部分が切り取られて報道されていたりします。これではなかなか日本人は世界の潮流に乗れないのではないかという危機感から、宇山さんのお誘いを受けて本書の出版に至る運びとなりました。

特に本書で取り扱ったグローバルサウスと呼ばれる新興国の国々は、今後世界の主流グループともなり得ます。世界の潮流は確実に大きく変わっていますが、それに気づいている日本人はどれほどいるでしょうか？　またそれに気づいて次の新たな一手を打ち始めている日本人は、どれほどいるでしょうか？

マスコミがグローバルサウスを報道する機会はそれほど多くありません。たまに報道することがあっても、それは西側先進国のメディアの焼き直しで、ネガティブキャンペーン的な報道として発信されることが多いのも事実です。

どんなニュースにも光と影があります。そして、

「一つの意見があれば、もう一つの意見がある（the one opinion and the other opinion）」

これは中東カタールの国営衛星放送局アルジャジーラの報道コンセプトです。一つのニュースを一方からだけ見てしまうと、真実を見失うという意味です。日本のマスコミ報道を見るのは構いません。見た方がいいと思います。しかしそれを１００％鵜呑みにする前に、もう一つの見方を探してみてほしいのです。

例えば、日本のニュースと同じテーマで、同様の海外記事を検索して、読んでみるということもお勧めします。言い回しや文脈などで、微妙なニュアンスの違いを感じることも少なくありません。少しずつで構いませんので、ぜひ海外メディアの記事にも触れてみてください。きっと皆さんの国際情勢のアンテナの感度が、より磨かれていくことでしょう。

一人でも多くの方にこの本を手に取っていただき、今後成長してくる新興国のグループ、グローバルサウスのリアルとその輪郭を感じ取っていただき、さらに深く調べて行動

を起こしていただきたい。そういった願いでこの本は出版されました。

グローバルサウスという大きな括りで、成長する国々の全体像がイメージできたら、あとは関心のある国やテーマをもっと掘り下げて、実際に足を運んでみてください。

インターネットが普及して、簡単に様々なニュースに触れることのできる世界だからこそ、現場の空気感が大切です。日本人であることがどれだけ誇りに思えるのか？　ニュースからはなかなか伝わりませんが、これも肌感覚の一次情報です。

宇山さんと僕の共通の想いは、「明るい未来を描ける日本」です。そのために衰退する日本にしがみつき選択肢を狭めるのではなく、日本国内以外で行えるあらゆる選択肢を準備しておくことです。日本人が世界でできることは無限にあります。

そしていつかタイミングは皆さんのもとに訪れます。その時に動ける人と動けない人、二つに分かれます。チャンスが訪れた時に確実に動くため、国際情勢のアンテナの感度を上げていきましょう。

その時に、日本には明るい未来が待っています。ヒアウィーゴー！

越境3・0チャンネル　石田和靖

【著者略歴】

石田和靖（いしだ・かずやす）
1971年、東京生まれ。東京経済大学中退後、会計事務所に勤務し、中東～東南アジアエリアの外国人経営者の法人を多く担当。駐日外国人経営者への財務コンサルティングを多く行う。著書に『オイルマネーの力』（アスキー新書）、『第三世界の主役「中東」』（ブックダム）など。最新の世界情勢を毎日更新しているYouTubeチャンネル「越境3.0チャンネル」は、再生回数5800万回、チャンネル登録者数24万人の人気チャンネル。

宇山卓栄（うやま・たくえい）
1975年、大阪生まれ。慶應義塾大学経済学部卒業。代々木ゼミナール世界史科講師を務め、著作家。時事問題を歴史の視点でわかりやすく解説。主な著書に『日本人が知らない！世界史の原理』（茂木誠氏との共著、ビジネス社）、『大アジア史』（講談社）、『世界「民族」全史』、『「民族」で読み解く世界史』、『「王室」で読み解く世界史』、『「宗教」で読み解く世界史』（以上、日本実業出版社）、『世界一おもしろい世界史の授業』（KADOKAWA）、『経済で読み解く世界史』、『朝鮮属国史—中国が支配した2000年』（以上、扶桑社）など。

編集協力：今井順子

グローバルサウス vs 米欧の地政学

2024年11月1日　第1刷発行

著　者　　石田和靖　宇山卓栄
発行者　　唐津　隆
発行所　　株式会社ビジネス社
〒162-0805　東京都新宿区矢来町114番地 神楽坂高橋ビル5F
電話　03(5227)1602　　FAX　03(5227)1603
URL　https://www.business-sha.co.jp

〈カバーデザイン〉齋藤稔（株式会社ジーラム）〈本文DTP〉有限会社メディアネット
〈印刷・製本〉株式会社広済堂ネクスト
〈編集担当〉中澤直樹　〈営業担当〉山口健志

ISBN978-4-8284-2671-6